다시 프로이트,
내 마음의 상처를 읽다

다시 프로이트,
내 마음의 상처를 읽다

일과 사랑, 인간관계에서
힘들어하는 이들을 위한 정신분석학적 처방

유빔희 지음

더숲

차례

크고 작은 정신적 고통에 시달리는 많은 사람들에게

무의식은 우리를 알고 있다

—

이성과 감정은 모두 뇌에서 나오는 것

우리는 사회라는 틀 속에서 수많은 사람들과 함께 살아가면서 매 순간 다양한 감정을 느낀다. 때론 행복할 때도 있지만 불행하다고 생각할 때도 많다. 특히 불안과 우울, 분노와 같은 부정적 감정들은 수시로 우리에게 밀려왔다 다시 스러짐을 반복하곤 한다. 우리 인생은 때론 크고, 때론 작은 이런 감정의 파도로 점철되어 있다 해도 과언이 아니다. 그렇다면 우리 마음속에서 끊임없이 명멸하는 이런 감정들은 어디에서 오는 것일까? 마음이란 도대체 무엇일까?

사람들은 오랫동안 '마음'이 가슴에서, 또는 심장에서 나오는 추상적인 존재인 양 생각해 왔다. 그래서 이성은 뇌에서 나오고 마음은 가슴에서 나온다는 식의 감성적인 생각이 사람들을 지배해 왔다. 하지만 의학의 발전과 더불어 마음이 가슴도 심장도 아닌, 뇌에서 나온다는 개념이 자리 잡으면서 마음을 정의하는 문제는 좀 더 복잡해졌다. 이성이든 감정이든 모두가 뇌에서 나오는 것이라면, 도대체 마음은 어떻게 만들어지고 작동하는 것일까?

19세기 후반 오스트리아의 정신과 의사였던 지그문트 프로이트(Sigmund Freud)는 인간의 마음을 해독하는 방법에 있어 정신분석이라는 혁신적인 화두를 제시했다. 그는 인간의 마음이 겉으로 비춰지는 모습과는 전혀 다를 수 있음을 시사하는 다양한 임상 사례들을 통해, 마음에 대해 이전과는 완전히 다른 새로운 이론을 제시하였다. 프로이트는 현재의 생각이나 감정, 우연처럼 보이는 행동들이 사실은 과거에 겪은 여러 중요한 사건에 의해 결정된다고 생각했다. 또한 인간의 정신활동에 있어 의식보다는 무의식의 역할이 훨씬 더 중요하다고 보았다.

물론 프로이트 이전에도 여러 사람들이 인간 정신에 잠재의식이나 무의식이 존재한다는 주장을 단편적으로 펼친 바 있다. 하지만 무의식의 존재를 일관되게 체계적으로 주장하고 구체적인 증거까지 제시했던 사람은 없었다. 그리고 마음에 대한 무의식의 엄청난 영향력을 밝혀낸 사람도 프로이트 이전에는 없었다. 따라서 그가 제시한 정신분석을 통해 인간의 정신은 지금까지와는 전혀 다른, 완전히 새로운 모습으로 그려지게 되었다. 그 결과 혹자는 인류 문명사를 획기적으로 바꾼 근대 유럽의 3대 지성으로, 마르크스(K. H. Marx), 아인슈타인(Albert Einstein)과 더불어 프로이트를 꼽기도 한다.

이렇게 새롭게 문을 연 정신분석의 영역은 프로이트 사후에도 수많은 학자들에 의해 계속 그 반경을 넓혀 왔다. 이제 무의식이 인간의 마음에 결정적 영향을 미친다는 사실은 전혀 새로운 개념도 아니고 오히려 진부한 것처럼 여겨진다. 그럼에도 불구하고 마음의 미묘한 생성 과정을 파악해서 정신질환이나 이상행동의 원인을 설명하기란 여전히 매우 어려운 일이다. 그래서 마음의 병을 다루는 임상가들은 고통받는 환자들의 마음을 잘 읽기 위해 힘겨운 싸움을 계속해야 할 때가 많다. 한 뼘도 채 안 되는 작은 뇌 속에 담긴 인간의 마음을 이해하는 일은 저 광활한 우주를 이해하는 것만큼 어렵고 힘들 수 있다.

내 마음은 어떻게 작동하는가

오늘날 마음이 어떻게 작동하는지 정의하기란 훨씬 더 복잡해졌다. 첨단 뇌과학과 심리학의 결합을 통해 마음의 근원을 찾는 지도화(mapping) 작업은 점점 더 정교해지고 있다. 하지만 이런 놀라운 성과에도 불구하고 마음의 작동 기제를 온전하게 설명하기에 현대의학 이론은 아직 갈 길이 멀다.

사실 정신분석은 과학과 예술의 중간 지대에 존재한다. 정신분석에 근거한 마음의 이론 대부분이 과학직 실험을 통해서가 아니라, 예술의 중요 요소인 경험과 직관을 통해 만들어졌기 때문이다. 한 가지 예를 들어 보자. 19세기에 프로이트는 『꿈의 해석』이라는 저서를 통해 꿈이 무의식에 이르는 왕도라고 주장했다. 하지만 꿈이 우리 무의식 속 정보를 들여다보는 중요한 도구라는 그의 주장은 과학적 증거가 부족한, 일종의 직관적 가설에 불과하다는 비판에 시달려 왔다.

그러다가 20세기 중반 뇌과학자들에 의해 렘(REM)수면이 발견되고, 렘수면 기간 중에 우리가 꿈을 꾼다는 사실이 처음으로 밝혀졌다. 그리고 꿈꾸는 동안 뇌에서 중요한 정서적 기억정보의 처리 작업이 자동적으로 진행된다는 사실도 알려졌다. 즉 꿈을 꾸는 목적이 우리에게 중요한 정서적 기억정보를 잘 정리해서 보존하려는 것임이 밝혀진 것이다. 이런 연구 결과는 무의식적 소망 충족을 위해 꿈을 꾼다는 정신분석의 꿈 이론을 강력히 뒷받침해 준다. 마음을 탐구하는 현대의학에서 19세기에 만들어진 정신분석이 여전히 중요한 이유도 바로 거기에 있다. 오늘날에도 많은 뇌과학 연구자들이 정신분석이 제시한 마음의 가설에 영감을 받아 첨단과학적 방법론을 통해 이를 입증하고자 애쓰고 있다.

정신분석은 우리 사회에선 여전히 생소한 학문 분야이며, 사실 모든 사람에게 정신분석이 필요한 것도 아니다. 우리보다 반세기 이상 앞서 정신분석을 받아들였던 서구 사회에서도 정신분석은 소수의 환자를 위한 특별한 심리치료의 일종으로 여겨졌다. 오늘날에도 정신분석은 치료가 쉽지 않은 소수의 신경증 환자나 심각한 인격장애 환자들을 위해 주로 사용되고 있다. 하지만 정신분석은 이런 용도 외에 심리학과 인문과학, 예술 분야를 포함해서 인간의 마음을 다루는 여러 학문 분야에 심대한 영향을 미쳤다.

타인의 마음을 어떻게 이해할 것인가

이 책에는 정신적 고통에 시달리는 많은 마음들이 등장한다. 이들 중 대부분은 30년 가까이 정신과 의사로서 활동해 온 필자가 상담하고 치료했던 실제 환자들의 사례이다. 사생활 보호 차원에서, 내용을 이해하는 데 지장이 없는 한 이름을 포함해 개인의 인적사항과 관련된 내용은 최대한 드러나지 않도록 수정하였다. 따라서 여기 등장하는 사례들은 실제 환자들로부터 얻어진 자료이긴 하지만, 많은 부분이 사실과는 다름을 미리 밝혀둔다.

나는 이 책에서 정신분석이라는 프리즘을 통해 사랑과 분노, 불안과 우울과 같은 인간의 마음을 어떻게 들여다보고 이해할 수 있는지, 그 작은 편린이나마 보여주고 싶었다. 사실 진정한 소통은 타인에 대한 깊은 이해가 전제되어야만 가능하기 마련이다. 이 책에서 그리고 있는 정신분석학적 마음 읽기 작업을 잘 지켜본다면 다른 사람의 마음을 어떻게 이해하고 다가갈 수 있을지 그 단서를 발견할 수 있으리라 생각한다. 이 책이 독자들에게 인간 심리에 대한 깊은 통찰과 이해를 가능하게 하고, 주변의 많은 사람들과도 좀 더 잘 소통할 수 있는 계기가 되어 주기를 기대한다.

1장

무심코 저지르는 내 행동에는 이유가 있다

– 무의식이란 무엇인가

"무의식은 의식의 작은 세계를 품는 더 큰 세계이다."

– 프로이트

우리는 매일 생각과 감정을
무의식 속에 묻으며 살아간다

　우리는 종종 어이없는 행동이나 말실수를 무심코 저지르곤
한다. 아무리 꼼꼼하고 완벽해 보이는 사람이라도 예외는 아니
다. 그렇다면 우리는 왜 이런 실수를 하는 것일까? 그럴 땐 대개
단순히 부주의했다거나 잠깐 다른 생각을 하다 그랬노리 변명을
한다. 하지만 정말 그게 다일까?

　정신분석의 창시자인 지그문트 프로이트는 우리 마음속에
'무의식(unconscious)'이라는 것이 존재한다고 했다. 무의식은 우
리가 의식하지 못하는 마음속의 또 다른 마음이라고 할 수 있다.
평소에는 의식 밑에 깊숙이 감춰져 있어 그 존재 여부조차 확인
하기 힘들다. 여기에는 의식에서 받아들이기에 너무 불쾌하거나
부담스러워서, 우리 마음속 자동 검열 기능을 통해 잘려나가 버
린 수많은 생각과 감정들이 묻혀 있다.

　이렇게 불쾌하거나 부담스러운 생각을 마음속 깊숙이 묻어
버리는 작업을 정신분석에서는 '억압'이라고 부른다. 매일매일

우리는 많은 생각과 감정을 무의식 속에 묻는 작업을 하면서 살아간다. 사실 그렇게 깊숙이 감춰져 있다 보니 대개 무의식이 어떤 역할을 하는지 의식하지 못하고 지낼 때가 훨씬 더 많다.

하지만 무의식은 종종 의식의 수면 위로 그 모습을 드러내서 우리의 행동에 아주 큰 영향력을 행사하곤 한다. 특히 무의식 속에 묻혀 있는 내용물과 관련된 감정이 너무 격렬하게 일어나거나, 아니면 외부에서 무의식을 자극하는 어떤 계기가 발생했을 때 더욱더 그렇다.

- 군중 앞에서 연설하는 윈스턴 처칠.
그는 연설을 할 때 대중의 무의식을 이용했다.

제2차 세계대전 때 영국의 수상이었던 윈스턴 처칠(Winston Churchill)은 전쟁 중 대중 연설을 할 때면 부정적 대상을 묘사하는 형용사로 'nasty'라는 단어를 많이 썼다고 한다. 그런데 처칠은 일부러 이 단어를 '나치'라는 말과 비슷하게 발음했다. 대중들에게 나치에 대한 부정적 인상을 무의식중에 강화하려는 치밀한 계산이 숨어 있었던 것이다.

실수는 의식과 무의식의 절묘한 타협이다

무의식 속 내용이 의식화되려고 하면 의식은 일단 그것을 억누르려 애쓴다. 하지만 올라오고자 하는 힘이 너무 세지면 무의식은 결국 억압을 뚫고 의식의 표면으로 나타난다. 무의식 속에 묻혀 있던 불쾌하거나 부담스러운 내용이 갑작스레 의식화되면 혼란스럽거나 불안해지기 쉽다. 그래서 무의식의 원래 내용을 변형시키는 방식으로 의식과 타협을 시도하기도 한다. 내용이 조금 순화되면 아무래도 의식에서 받아들이기가 좀 더 쉬워지기 때문이다. 말실수를 포함한 여러 실수들은 이런 타협의 일종이라 할 수 있다. 결국 우리가 부지불식간에 저지르는 많은 실수들은 따지고 보면 다 그럴 만한 이유가 있다고 볼 수 있다. 그냥 단순한 부주의가 아니라 의식과 무의식 사이의 절묘한 타협에 의해 다양한 실수가 벌어지는 것이다.

어느 예비 신랑의 무의식 속 소망　경호 씨는 일주일 후 결혼을 앞둔 예비 신랑이다. 최근 점심시간에 짬을 내서 결혼 예복을 찾으러 차를 몰고 가다가 교차로에서 신호등 앞에 멈춰 섰다. 그런데 갑자기 뒤차가 시끄럽게 경적을 울려 댔다. 깜짝 놀라 살펴보니 신호등이 붉은색이 아니라 푸른색이었음을 깨달았다. 경호 씨는 왜 신호등 색깔을 잘못 본 걸까. 혹시 결혼을 결정해 놓고도 마음 한구석에 여전히 망설이는 마음이 남아 있던 게 아닐까.

경호 씨는 예비 신부와 6개월 전 처음 만났다. 얼굴도 예쁘고 직장도 확실한 그녀에게 호감이 갔지만 결혼 상대로서 확신은 없었다. 하지만 부모님이 그녀를 너무 마음에 들어 하는 바람에 결혼식 준비는 일사천리로 진행되었다. 결혼식 준비를 하면서도 경호 씨는 정말 이래도 되는 건지 망설여질 때가 종종 있었다. 하지만 그런 얘기를 하기에는 이미 너무 많이 와 버린 것 같았다. 게다가 부모님께서 예비 신부를 무척 흡족해하시는지라 더더욱 그런 얘기를 꺼낼 수 없었다.

결국 결혼을 망설이는 그의 무의식 속 소망이 교차로 신호등의 색깔을 착각하는 실수를 저지르게 만들었다. 결혼하고 싶지 않다는 무의식 속 소망이 직접 의식화되는 대신, 결혼 예복을 찾지 못하게 만들려는 소망으로 바뀌어 나타났던 것이다. 일종의 타협책인 셈이다.

무의식이 불러온 사회자의 말실수   병수 씨는 회사의 중견 간부이다. 그는 사춘기 때부터 사람들 앞에 나서기를 무척 싫어했다. 여러 사람 앞에서 발표를 한다거나 자기 의견을 말하는 걸 몹시 꺼렸다. 그런데 어쩌다 보니 다니는 회사의 주주총회 사회를 맡게 됐다. 어찌나 부담스러운지 전날 밤에 잠도 제대로 못잔 상태로 마이크를 잡았다. 그는 주주총회 시작을 알리기 위해 간신히 입을 떼면서 그만 이렇게 말하고 말았다. "지금부터 ㅇㅇ 회사의 주주총회를 마치도록 하겠습니다."

하고 싶지 않은 일을 억지로 하면서 빨리 끝나기를 바라는 마음을 그 이상 잘 표현하기도 어려울 것이다. 사실 병수 씨의 무의식 속에는 주주총회의 사회를 맡지 않고 도망가고 싶다는 생각이 가득했다. 하지만 무의식은 그렇게 도망가는 대신, 의식과의 타협책을 택했다. 즉 사회는 맡되, 대신 주주총회를 최대한 빨리 끝내려는 쪽으로 방향을 틀었던 것이다.

홍차 한 잔 위로 떠오른 기억 프랑스의 소설가인 마르셀 프루스트(Marcel Proust)는 『잃어버린 시간을 찾아서』란 작품을 통해 무의식의 존재를 선명하게 드러낸 바 있다. 이 작품 속에서 화자는 오랜 세월 동안 까맣게 잊고 지내던 어린 시절의 기억을 홍차 한 잔과 함께 마들렌 과자를 먹다가 갑자기 떠올리게 된다.

이처럼 오랫동안 한밤중에 깨어나 콩브레를 회상할 때면, 마치 뱅골의 섬광 신호등이나 조명등이 건물 한 모퉁이를 선택해서 비추면 다른 부분은 칠흑 같은 어둠 속에 잠기는 것처럼, 콩브레는 언제나 분간할 수 없는 어둠 속에 잘린 빛나는 한 조각 벽면으로만 떠올랐다. (중략) 나는 마들렌 조각이 녹아든 홍차 한 순가락을 기계적으로 입술로 가져갔다. 그런데 과자 조각이 섞인 홍차 한 모금이 내 입천장에 닿는 순간, 나는 깜짝 놀라 내 몸속에서 뭔가 특별한 일이 일어나고 있다는 사실에 주목했다. (중략) 그러다 갑자기 추억이 떠올랐다. 그 맛은 내가 콩브레에서 일요일 아침마다(일요일에는 미사 시간 전에 외출할 수 없었다.) 레오니 아주머니 방으로 아침 인사를 하러 갈 때면, 아주머니가 곧잘 홍차나 보리수차에 적셔서 주던 마들렌 과자 조각의 맛이었다. (중략) 비본 냇가의 수련과 선량한 마을사람들이, 그들의 작은 집들과 성당이, 온 콩브레와 근방이, 마을과 정원이, 이 모든 것이 형태와 견고함

을 갖추며 내 찻잔에서 솟아 나왔다.[*]

　이렇듯 무의식 속에 억압되어 있던 오래전 기억들은 얼핏 사소해 보이는 어떤 일을 계기로 갑작스레 우리 의식 속으로 밀려 들어오기도 한다.

　왜 천 과장은 사사건건 상사와 대립했을까 대기업에 다니는 천 과장에게는 심각한 고민이 있었다. 조심한다고 하는데도 직속 상사인 김 부장과 자꾸 부딪혀 사이가 좋지 않은 게 문제였다. 업무 평가는 물론 인사에 직접적인 영향을 미치는 직장 상사에게 밉보이고 싶은 사람은 아무도 없다. 그런데도 어느 날 회의 도중에 직원들이 다 보는 앞에서 김 부장과 심한 언쟁을 벌이고 말았다. 친한 동료들조차 천 과장이 지나치다는 반응이었다. 김 부장은 사내에서 권위적인 리더라는 평을 듣는 데다 인기도 별로 없었다. 하지만 그렇다고 다들 상사에게 사사건건 대들거나 대립하지는 않는다. 천 과장 스스로도 자신의 행동이 이해가 안 되어 당혹스러울 따름이었다. 그는 전문가의 상담을 받아 보기로 했다.

　천 과장은 3남 1녀 중 첫째로 태어나 집안의 기대를 한 몸에

---

[*] 마르셀 프루스트, 『잃어버린 시간을 찾아서 1- 스완네 집 쪽으로 1』, 김희영 옮김, 민음사, 83, 86, 89, 91쪽

받던 잘난 아들이었다. 지방에서 농사를 짓던 부모님은 그다지 형편이 넉넉지 않았다. 하지만 그럼에도 불구하고 아들에겐 늘 좋은 것만 해 주려 했다. 부모님은 서울의 명문대를 나오고 대기업에 바로 입사한 아들을 무척 자랑스러워했다.

하지만 아버지는 집에서 폭군이었다. 경제적으로 무능한 데다 가부장적이었고 가끔 폭력을 휘두르기도 했다. 그래서 어머니와 아버지는 평생 사이가 좋지 않았다. 사실 천 과장은 사춘기 이후 내내 집을 떠나 지내서 아버지와는 항상 서먹했다. 반면 지금껏 고생하며 자신을 뒷바라지해 온 어머니에 대한 연민의 감정은 컸다. 그래서 어머니를 괴롭히는 아버지를 보면 아무것도 할 수 없는 자신이 답답하고 짜증이 났다. 서울에서 직장을 다니면서부터 천 과장은 명절 때를 제외하고는 아버지가 계시는 고향 집에 잘 가려고도 하지 않았다.

그러고 보니 김 부장은 딱 아버지를 닮았다. 아버지와 고향도 같았고, 똑같은 사투리를 썼다. 성격도 급하고 다혈질적인 게 많이 닮았다. 그래서 천 과장은 김 부장을 볼 때마다 자기도 모르게 아버지가 연상되면서 화가 치밀어 오르곤 했다. 천 과장은 자기 마음속 깊은 곳에 숨어 있는 아버지에 대한 강력한 분노가 부지불식간에 김 부장에게 투사되고 있음을 깨달았다. 김 부장과의 불화가 불필요하게 강렬해진 데에는 다 그럴 만한 이유가 있었다.

하지만 상담이 좀 더 진행되자, 천 과장은 아버지에 대해 미움뿐 아니라 다른 감정도 품고 있었음을 깨달았다. 사실 아버지는 큰아들을 무척 아꼈다. 다른 가족들에겐 폭군처럼 행동했지만 그에게는 늘 잘해 주려고 애썼다. 실제로 어려운 형편 속에서도 일찍부터 아들을 서울로 유학 보내기로 결정한 사람은 다름 아닌 아버지였다. 아버지는 1년 전 심장병으로 갑자기 돌아가셨다. 그런데 장례식을 치르는 동안 천 과장은 너무 담담했다. 아버지가 돌아가신 것에 대해 아무런 감정도 느껴지지 않아 스스로도 좀 당황스러울 정도였다.

천 과장은, 가족들에겐 폭군이었지만 자신에겐 늘 잘 대해 주려 애쓰던 아버지를 좋아할 수도 미워할 수도 없는 처지였다. 천 과장의 무의식 속에는 아버지에 대한 미움뿐 아니라, 죄책감과 슬픔이 공존하고 있었다. 아버지에 대한 상반되는 감정 때문에 그는 혼란스러웠다. 그래서 평소 아버지 생각은 되도록 하지 않고 지내려 했다. 하지만 회사에서 김 부장과 마주칠 때마다 어쩔 수 없이 아버지가 떠올랐고, 그럴 때마다 답답하고 짜증부터 났다. 사실은 무의식 속 죄책감과 슬픔 때문에 스스로에게 화가 났던 것이다. 천 과장은 상담을 통해 아버지에 대한 자신의 감정을 정확히 이해할 수 있었다. 그러면서 김 부장에 대한 부적절한 감정 역시 적절히 통제할 수 있게 되었다.

무의식이 우리에게 전하려는 것

우리의 무의식 속에는 이렇게 묻혀 버린 수많은 생각과 감정이 존재한다. 이들은 평상시에는 우리 삶에 별 영향을 주지 않는 것처럼 보인다. 하지만 살다 보면 종종 무의식이 일상의 감정과 행동에 있어 결정적 역할을 할 때가 있다. 앞서 언급한 사례처럼, 숨겨진 감정의 영향으로 직장 상사에게 부적절한 행동을 하거나 일상에서 자신도 이해할 수 없는 어이없는 실수들을 반복하기도 한다.

문제는 무의식이 우리에게 미치는 영향이 정말 큰데도 그것을 자각하기는 쉽지 않다는 데 있다. 때때로 이성적으로 잘 설명되지 않는 감정을 느끼거나 행동을 할 때가 있는가? 그렇다면 한번 자기 내면의 목소리에 귀 기울여 볼 필요가 있다. 거기에는 무의식이 우리에게 전달하고자 하는 어떤 메시지가 담겨 있을 가능성이 높다. 아무리 무시하려 해도 무의식은 결국 언제, 어떤 형태로든 자신이 하고 싶은 말을 우리에게 전달하려 들 테니 말이다.

2장

모든 것은 내 마음을 아는 것에서 시작된다

– 마음의 구조

"마음은 빙산과도 같아서,
그 커다란 얼음 덩어리의 일부만이
수면 위로 노출된 채 떠다닌다."

– 프로이트

내 마음의 진짜 모습은 무엇일까

프로이트는 인간의 정신을 설명하는 핵심 이론으로 '지형이론(topographical theory)'과 '구조이론(structural theory)'을 제시했다. 지형이론이란 인간의 정신에는 우리가 잘 아는 의식뿐 아니라, 전의식과 무의식이라는 영역도 함께 존재한다는 것이다. 구조이론은 프로이트가 지형이론을 보완하는 차원에서 나중에 제시한 이론이다. 구조이론에 따르면 인간의 정신에는 이드(id) – 자아(ego) – 초자아(superego)라는 세 개의 가상의 심리 구조가 있어 서로 견제와 균형을 이룬다. '원본능'을 뜻하는 '이드'란 인간의 모든 중요한 본능들이 모여 있는, 정신 내부의 저장고 같은 곳이다. 이드에 속한 내용물들은 대개 태어나면서부터 우리에게 내재된 것이나, 일부는 후천적으로 형성된 것도 있다. 이드는 100% 무의식의 영역에 속하는 것으로, 여기에는 본능적 욕망뿐 아니라 감정, 환상 등 다양한 무의식 속 내용물들이 존재한다. 이드에 속하는 가장 대표적인 것으로 성욕과 공격성을 예로 들 수 있다.

이드의 내용물들은 무의식 속에 있기 때문에 평상시에는 잘

의식하지 못한다. 하지만 강력한 심리적 에너지를 담고 있어서 언제든지 의식의 표면 위로 폭발해 올라올 수 있다. 그런데 이 이드의 세계는 소위 '쾌락원칙(pleasure principle)'이 지배한다. 다시 말하자면 이드 속에서는 즉각적인 소망의 충족이 가장 우선시된다. 따라서 이드의 영향을 받는 한, 우리는 끊임없이 무의식적 소망을 충족하고 싶어 하는 유혹에 흔들릴 수밖에 없다.

한편 '초자아'는 양심과 가장 가까운 개념이다. 초자아의 원형은 자아에서 출발하지만 성장 과정 중에 학습과 경험의 영향을 크게 받는다. 어린아이의 초자아가 만들어지는 데 가장 큰 영향을 미치는 사람은 대개 양육을 담당하는 부모이다. 부모가 아이를 키우면서 전달하는 수많은 메시지가 아이의 초자아 형성에 결정적 영향을 미치는 것이다. 초자아는 끊임없이 우리를 질책해서 잘못된 길로 가지 않고 올바르게 살 것을 독려한다. 초자아에는 무의식의 영역에 속한 부분과 의식화된 내용이 혼재되어 있다.

만약 초자아가 없다면 우리는 아무런 내적 판단 기준도 없이 제멋대로 살거나, 아니면 순간순간 상황에 따라 되는 대로 살게 될 것이다. 가끔 우리는 초자아가 완전히 텅 비어 있는 사람을 보게 된다. 아무런 죄의식 없이 엽기적인 범죄를 저지르는, 소위 '반사회적 인격장애' 환자들이 대표적인 예이다. 따라서 초자아

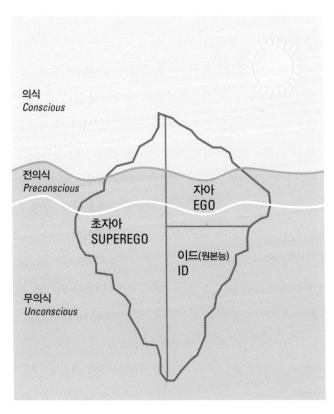

의식
Conscious

전의식
Preconscious

자아
EGO

초자아
SUPEREGO

이드(원본능)
ID

무의식
Unconscious

프로이트는 인간의 정신을 빙산에 비유하였다.
의식은 바다 위에 떠 있는 빙산의 일각에 불과하고,
수면 아래에는 거대한 무의식이 자리하고 있다.

는 인간을 동물이 아닌, 인간답게 만드는 데 큰 기여를 한다. 하지만 초자아의 간섭이 지나칠 경우, 마음의 짐이 무거워져서 쉽게 우울해질 수도 있다.

'쾌락원칙'이 지배하는 이드와 달리 '자아'는 현실원칙(reality principle)이 지배하는 영역이다. 즉 현실에서 통용되는 논리적, 합리적 사고가 자아의 움직임을 결정한다. 자아는 또한 이드와 초자아를 포함해 자기 자신을 통합하고 조정하는 역할을 한다. 그래서 자아는 끊임없이 정신 내부는 물론, 외부 세계와의 타협을 추구한다. 평상시에는 이드와 초자아가 자아를 중심으로 적절한 힘의 균형을 이뤄 정신적 평형 상태를 유지한다.

경석 씨가 손을 떨게 된 이유 회사원인 경석 씨는 한 달 전부터 갑자기 오른손이 심하게 떨리면서 마비되는 증상이 발생했다. 처음에는 대수롭지 않게 생각하며 생활했는데, 증상이 점점 더 심해졌고 나중에는 회사에서 일하기 힘든 지경까지 되었다. 병원에 가서 온갖 검사를 받았지만 아무런 원인도 찾을 수 없었다.

손 떨림 증상은 공교롭게도 직장 상사인 박 부장과 함께 일하게 되면서부터 시작됐다. 인사이동으로 경석 씨가 속한 부서를 박 부장이 새로 맡게 되었는데, 박 부장은 경석 씨와 마음이 잘 맞지 않았다. 박 부장은 경석 씨를 수시로 불러 업무상 문제점을 지적하고 야단을 치곤 했다. 시간이 흐를수록 경석 씨의 스트레스는 점점 더 커져갔고, 마음속에 박 부장에 대한 분노가 들끓었다.

어느 날 경석 씨는 또 박 부장에게 불려가 심하게 야단을 맞았다. 그런데 어느 순간 마음속에서 박 부장의 얼굴을 주먹으로 세게 후려치고 싶다는 강렬한 충동이 일어났다. 간신히 그 충동을 억누르기는 했으나 스스로도 너무 당황스러웠다. 바로 그때부터 경석 씨의 손 떨림 증상이 시작되었다. 그리고 그 증상은 계속 악화되어 갔다. 경석 씨가 겪는 이런 증상을 정신분석적 관점으로는 어떻게 설명할 수 있을까?

경석 씨가 박 부장을 향해 주먹을 날리고 싶었던 그 순간은 이드의 하나인 공격성이 너무 커져 이미 통제가 어려워진 상태로 볼 수 있다. 만약 그때 이드 속의 강렬한 공격성이 민낯으로 바깥세상에 드러났다면 어떻게 되었을까. 상상만 해도 끔찍하다. 그래서 자아는 비상수단으로 오른손의 떨림 증상과 마비 증상을 일으켰던 것이다. 손을 마비시켜서라도 무의식 속의 강렬한 공격성이 밖으로 드러나는 걸 막으려 했던 셈이다. 이렇게 이드와 자아, 초자아는 늘 견제와 타협을 반복하면서 정신세계를 안정적으로 유지하려 애쓴다.

그런데 왜 경석 씨는 박 부장에게 그렇게까지 화가 치밀어 올랐을까? 비록 경석 씨가 박 부장과 마음이 맞진 않았지만 그런 사람은 박 부장 말고도 주변에 여럿 있었다. 박 부장은 평소 성격이 깐깐하고 매사에 아주 세밀한 부분까지 직접 챙기는 스타일이었다. 반면 경석 씨는 다소 덜렁거리는 성격이라 사소한 실수가 잦은 편이었다.

사실 박 부장의 이런 깐깐한 성격은 경석 씨 어머니와 많이 닮아 있었다. 경석 씨는 어릴 때부터 꼼꼼하지 못한 성격 때문에 어머니에게 야단을 많이 맞았다. 그렇게 자주 잘못을 지적당하고 질책을 받은 탓에 경석 씨는 어머니와 사이가 좋지 않았다. 독립해서 결혼을 한 이후에도 어머니의 잔소리는 계속되었고, 경석 씨는 되도록 어머니와 부딪히지 않으려 애썼다.

— 박 부장에게 질책을 받으면서 경석 씨에게 치밀어 올랐던 분노감은 사실 박 부장에 대한 감정만이 아니었다. 거기에는 무의식 속에 묻혀 있던 어머니에 대한 분노가 뒤섞여 있었다. 그러다 보니 박 부장에 대한 의식적 분노와 어머니에 대한 무의식적 분노가 뒤섞이면서 박 부장을 때리고 싶다는 소망이 불쑥 튀어나왔던 것이다.

이드나 초자아와는 달리 자아는 내가 의식하고 있는 바로

나 자신의 모습이다. 자아에는 우리가 살아가는 데 필요한 기본적인 기능들이 대부분 포함되어 있다. 예를 들자면 논리적, 추상적 사고나 다양한 심리적 방어기제들이 대표적인 자아기능이다. 그 밖에 언어기능, 운동기능, 각종 지각기능도 자아의 주요 기능에 속한다. 자아 역시 무의식의 영역과 의식의 영역에 같이 걸쳐 있으면서 현실원칙에 근거해 이드와 초자아를 중재하는 역할을 한다.

불안은 마음속의 위험을 미리 알리는 신호다

그런데 만약 이드나 초자아의 힘이 너무 강해져서 자아의 조정 역할이 약화되면 어떻게 될까? 그럴 때 제일 먼저 나타나는 현상은 '불안'이다. 불안을 느낀다는 건 이미 정신적 평형 상태가 깨져 혼란이 오고 있다는 신호이다. 불안이 마음속 위험 징후를 미리 알리는 신호 역할을 하는 셈이다. 불안이 너무 강해지면 결국 자아의 견제, 조정 기능이 마비되면서 노이로제라는 병적 상태가 발생한다.

죄책감에서 비롯된 플라스틱 강박 증상 20대 초반의 대학생인 주영 씨는 1년 전부터 플라스틱으로 만들어진 물건에 대한 강박 증상이 생겼다. 주영 씨는 어디를 가든 주변에 있는 물건들이 플라스틱으로 만들어진 것인지 아닌지 여부를 먼저 확인하려 했다. 그리고 만약 플라스틱으로 만들어진 물건이 있으면 그것으로부터 최대한 멀리 떨어져 있으려 했다. 그러다 보니 밖에 나가기만 하면 너무 불안했다. 결국 이러한 불안 때문에 학교도 못 가고 종일 자기 방에만 틀어박혀 지내게 되었다.

사실 이런 증상은 1년 전 오랜만에 아버지를 만난 다음부터 생겼다. 아버지는 2년 전 어머니와 이혼하고 다른 여자와 재혼했다. 그런 아버지를 주영 씨는 노골적으로 싫어했다. 그래서 부모님이 이혼할 때 주영 씨는 어머니와 함께 살겠다며 아버지 집에서 나왔다. 아버지와 만난 그날도 주영 씨는 말다툼 끝에 아버지에게 욕을 하고 심지어 주먹까지 휘둘렀다. 그래도 아버지인데. 아버지에 대한 죄책감 때문에 그날 이후 주영 씨 마음은 편치 않았다.

이 무렵 그는 플라스틱 물건에서 몸에 해로운 환경호르몬이 나온다는 신문 기사를 우연히 읽었다. 그러자 플라스틱 물건을 만지면 해로운 환경호르몬이 몸속에 들어올 수도 있겠다는 불안감이 시작되었다. 시간이 흐를수록 불안은 점점 더 심해져서 나중에는 강박적으로 플라스틱 물건을 피하려는 행동으로 발전하였다. 결국 강박 증상 때문에 일상생활을 제대로 유지 못할 정도에까지 이르렀다.

사실 주영 씨는 아버지에게 주먹을 휘두른 일로 무의식 속에 있던 초자아가 자극되면서 죄책감이 촉발되었다. 하지만 죄책감을 느끼는 것 자체가 주영 씨에게는 혼란스러운 일이었다. 왜냐하면 아버지는 어머니에게 몹쓸 짓을 한 나쁜 사람이었기 때문이다. 그래서 자아는 죄책감 때문에 촉발된 불안을 덮어 버리고, 그대신 환경호르몬에 대한 불안으로 갈아타기를 선택했다. 그러는 편이 자신에게 훨씬 덜 부담스러웠기 때문이다. 이런 불안이 결국 플라스틱 물건에 대한 강박 증상으로까지 발전했던 것이다.

우리 마음속에서 이드와 자아, 초자아는 이렇게 서로 갈등하며 끊임없이 부딪친다. 때론 평형 상태를 이루기도 하지만, 어떤 때는 균형이 무너져서 어느 한쪽으로 급격히 기울기도 한다. 우리 마음속에서 불안이 느껴질 땐 이미 이런 균형이 무너지고 있다는 신호가 온 것이다.

정신활동은 고요하고 평화롭게 흘러가는 물줄기가 아니다. 오히려 속에서 소리 없이 들끓고 있다가 예기치 않게 불쑥불쑥 폭발하는 화산에 가깝다. 이런 마음속 불균형을 미리 감지해 마

음속의 폭발을 예방할 수만 있다면 우리를 피폐하게 만드는 각
종 노이로제부터 좀 더 자유로워질 수 있을 것이다.

3장

스트레스와 불안으로부터 내 마음을 지키다

– 심리적 방어기제

"도둑은 다른 사람들도 모두 도둑이라고 생각한다."

– 엘살바도르의 격언

심리적 방어기제란 무엇인가

　병원에 가면 의사들이 이런저런 검사를 한 후에도 특별한 원인을 찾지 못하면 "스트레스 때문인 것 같다"라고 말할 때가 종종 있다. 머리가 아플 때도 속이 안 좋을 때도, 다 스트레스가 문제라고 하니 환자 입장에서는 이게 무슨 소린가 싶다. 하지만 괜히 하는 말이 아니다. 실제로 우리 몸이 스트레스에 민감하게 반응하기 때문이다.

　사람들은 대부분 본능적으로 정신적 안정감을 유지하고 싶어 한다. 그런데 스트레스를 받게 되면 정신적 안정 상태가 깨지기 쉽다. 정신적 안정이 깨지면 불안이 몰려오게 된다. 그럴 때 우리의 자아는 불안을 통제하려고 어떤 식으로든 대응한다. 이렇게 정신 내부의 심리적 균형 상태를 유지하고자 무의식적으로 작동하는 자아의 움직임을 '심리적 방어기제'라고 한다.

　심리적 방어기제는 그 종류가 매우 다양하다. 대략 원시적 방어기제, 미숙한 방어기제, 신경증적 방어기제와 성숙한 방어기제로 나누어 볼 수 있다. 심리적 방어기제가 중요한 이유는 어떤 방어기제를 주로 사용하느냐가 그 사람의 성격이나 대인관계에 많은 영향을 미치기 때문이다. 예를 들어 원시적이거나 미숙한 방어기제는 매우 충동적이거나 미숙한 성격을 가진 사람들에게 흔히 발견된다. 신경증적 방어기제의 경우 강박 장애나 전환 장애, 해리 장애 같은 각종 정신질환 환자들에게서 자주 볼 수 있다. 반면 성숙한 방어기제는 정신적으로 매우 안정되고 다른 사람에 대한 배려심이 많은 사람들이 자주 사용하는데, 이들은 대개 주위로부터도 좋은 평판을 듣게 마련이다.

홀로코스트, 관동대지진 한국인 학살 등
– 원시적 방어기제

원시적 방어기제는 자아가 발달하는 비교적 초기 단계부터 만들어지는 것으로, 부정(否定)과 투사(投射)가 대표적이다. '부정'이란 어떤 사건이 지닌 의미를 자기도 모르게 무의식적으로 부인하려는 것으로, 그 목적은 고통스러운 현실로부터 회피해서 스스로를 지키려는 데 있다. 예를 들어 불치병으로 6개월 시한부 판정을 받은 사람이 병상에 누워 있으면서 병이 다 나으면 크루즈 세계여행을 떠날 거라고 미리 계획을 세우며 즐거워하는 경우가 그렇다. 자신의 죽음에 대한 끔찍한 공포로부터 벗어나기 위해 불치병의 존재 자체를 부인해 버리는 것이다. 또 중요한 시험을 앞두고 준비를 제대로 못한 사람이 시험 전날 밤 늦게까지 친구들과 어울려 술을 마시며 노는 경우도 이와 비슷하다. 시험 준비를 제대로 못한 고통스러운 현실을 부정하고 술을 마시며 시험 자체를 잠시 망각해 버리는 것이다.

때론 개인 차원이 아니라 사회를 구성하는 집단 차원에서 고통스러운 현실을 부정할 때도 있다. 그럴 땐 사회 전체가 광기에 사로잡혀 자칫 파국의 길로 들어설 수도 있다. 과거 제2차 세계대전을 일으켰던 독일의 예가 가장 대표적이다. 독일은 제1차 세계대전에서 패전한 후 엄청난 전쟁 배상금으로 인해 고통을 겪어야 했다. 독일 국민들의 경제적 곤궁이 지속되면서 사회적 불안은 점점 더 커져만 갔다. 그러자 대부분의 사람들은 전쟁의 책임과 현실의 고단함을 빨리 잊고 싶어 했고 과거 강성했던 게르만 제국의 부활을 꿈꿨다. 물론 히틀러 같은 천재적 정치 선동가의 부추김이 있긴 했지만, 독일 국민들의 마음속에 고통스러운 현실을 회피하고 싶은 부정 심리가 만연한 탓도 컸다.

반면 '투사'란 스스로 받아들일 수 없는 무의식 속의 생각이나 충동을 마치 내 것이 아니라 남의 것인 양 치부해 버리는 것이다. 예를 들어 엄마를 무의식적으로 미워하는 사람이 주변에서 부모에게 함부로 대하는 사람들을 보면 지나칠 정도로 화를 내는 경우가 그렇다.

한편 프로이트가 투사의 대상이 되기도 했는데, 바로 그가 발표한 이론 때문이었다. 19세기 말 프로이트는 성욕이 인간에게 가장 중요한 욕망 중의 하나라면서 신경증 발생에 있어 리비도의 중요성을 강조하였다. 그리고 아주 어린아이들에게도 원시적인 형태의 성욕이 존재한다는 소위 '유아성욕설(infantile sexuality)'을 의학계에 처음으로 보고하였다. 프로이트의 이런 주장은 당시 비엔나 의학계는 물론이고 사회 전반에 엄청난 파장을 몰고 왔다. 일부 보수적인 비엔나 시민들은 프로이트의 이론에 큰 혐오감을 나타냈고 심지어는 그를 도덕적으로 매우 큰 결함이 있는 사람인 양 몰아붙였다. 사실 프로이트도 전형적인 비엔나의 중산층으로서 매우 보수적인 가치관을 가진 사람이었는데 말이다.

흥미로운 사실은 당시 합스부르크 왕국의 수도였던 비엔나는 세계에서 가장 크고 번성하던 대도시였다는 것이다. 그래서 유럽 각지에서 가난한 이민자들이 일자리를 찾아 대거 비엔나로 몰려들었다. 하지만 적당한 일자리가 별로 없다 보니 실업자가 많았고 특히 여자들의 경우는 더욱 그랬다. 그 결과 도시에는 수만 명에 이르는 매춘부들이 들끓었고, 성병 역시 창궐하고 있었다. 당시 프로이트를 부도덕하다고 비난했던 비엔나 중산층 계급의 많은 남자들이 사실은 몰래 성을 사는 구매자들이기도 했던 것이다. 자기 마음속의 내밀한 욕망인 성욕에 대해 언급하는 프로이트에 대해 이들이 그토록 화를 냈던 것도 바로 투사의 전형적인 한 예라 할 수 있다.

사실 매사에 남 탓을 하기란 참 쉽다. 하지만 그러기에 앞서 그런 마음이 나에게는 없는지 한번 돌아볼 필요가 있다. 오히려 그런 사람일수록 남 탓을 하기가 더 쉽기 때문이다. 우리 주변에는 남 탓을 잘하는 사람들이 너무 많다. 그런 사람들은 대개 자신의 부족함에 대해서는 별 관심이 없고 남의 부족함에 대해서만 지나치게 신랄하다. 그런 점에서 한국천주교가 평신도 중심으로 벌였던 '내 탓이오' 운동처럼 미숙한 마음을 반성하고 좀 더 성숙한 마음을 지향하는 집단적 성찰이 우리 사회에 꼭 필요하다 하겠다.

부정과 마찬가지로, 투사 역시 개인 차원이 아니라 집단 차원에서도 일어날 수 있다. 앞서 언급한 나치 독일의 경우 당시 국민들이 겪어야 했던 사회·경제적 고통으로 인한 분노를 투사할 대상이 필요했다. 히틀러는 당시 독일 경제권을 잡고 있던 유태인들을 그 대상으로 삼았다. 나치는 교묘한 선전을 통해 '유태인 때문에 독일 국민들이 이렇게 살기가 힘들어졌다'라고 생각하게

- 아우슈비츠, 비르케나우 집제 수용소의 모습.
나치는 독일 국민의 사회·경제적 고통으로 인한
집단적 분노를 유태인에게 투사시켰다.

- 1923년 9월 10자 매일신보.
'관동대지진 당시 조선인들이 폭동을 조장하고 있다'는
내용의 기사글을 전면에서 다루고 있다.
일본 역시 여론을 조작해 사회적 불안과 불만을
조선인들에게 투사시키고자 했다.

끔 유태인에게 집단적 분노를 투사시켰다. 그 결과 홀로코스트 (holocaust, 나치 독일에 의해 자행된 유태인 집단 학살)라는 끔찍한 범죄가 아무런 죄책감도 없이 벌어졌다. 1920년대에 일본에서 관동대학살이 일어났을 때도 마찬가지였다. 당시 일본 정부는 대지진으로 인한 사회적 불안과 대중의 불만을 해소하고자 교묘한 여론 조작을 통해 그것을 일본에 거주하는 조선인들에게 투사하게끔 조장했다는 것이 정설이다.

스트레스성 두통, 정신적 퇴행, 광신도의 신봉
– 미성숙한 방어기제

한편 미숙한 방어기제로는 신체화, 퇴행, 내재화 등이 대표적이다. '신체화'란 스트레스를 받으면 마음보다 몸이 먼저 아픈 것이다. 스트레스를 받을 때 생기는 마음의 고통이 몸의 증상으로 바뀌어 나타나기 때문이다. 한 중년 여성은 머리가 깨질 듯이 아픈 심한 두통 때문에 수년간 고생했다. 여기저기 큰 병원을 다녀 봐도 아무런 원인을 찾을 수 없어 필자에게 상담을 받으러 오게 되었다. 상담 과정에서 그녀는 남편에게 화가 많이 날 때마다 두통이 온다는 사실을 깨달았다. 그녀는 어릴 때부터 감정을 드러내지 않는 것을 미덕으로 알고 자랐다. 감정을 억누르는 게 습관이 되다 보니 화가 났는데도 스스로 잘 모를 때가 많았다. 하지만 몸은 이것을 알고 있었다. '사촌이 땅을 사면 배가 아프다'라는 속담 속 신체 증상은, 스트레스가 몸의 증상으로 나타나는 전형적인 예라 할 만하다.

스트레스가 너무 심하면 '퇴행'을 유발하기도 한다. 심한 좌절을 겪을 때 잠시 정신적 유아기로 후퇴하는 것이다. 50대 후반인 법대 교수가 위암 말기 판정을 받고 병원에 입원했다. 그는 법학을 전공한 사람답게 평소 매우 논리적이고 이성적인 사람이었다. 하지만 그는 입원 직후부터 의사에게 어린애처럼 떼를 쓰고 응석을 부리기도 했다. 말기 암이라는 절대적 공포 앞에 일시적으로 정신적 퇴행 증상을 보인 것이다.

'내재화'란 다른 사람의 생각이나 가치관, 의견을 통째로 자신의 것으로 받아들이는 것이다. 아직 미숙한 어린아이가 부모나 주변 어른들의 생각과 가치관을 그대로 받아들여 자기 것으로 만드는 것은 발달 단계에서 꼭 필요할 수 있다. 이런 기능은 어린아이의 도덕과 양심이 형성되는 데 특히 중요하다. 하지만 성인이 되어서도 계속 그렇다면 문제가 된다. 일례로 강력한 카리스마를 가진 종교 지도자의 생각이나 가치관을 철저히 신봉하는 광신도들을 떠올려 보라. 이슬람 국가는 무분별하고 잔인한 테러와 폭력 때문에 요즘 전 세계적으로 공분의 대상이 되고 있는데, 그런 행태에 열광하는 일부 청소년들의 모습도 내재화의 전형적인 한 예라고 할 수 있다. 대체로 자기 내부에 확실한 자아 형성이 안 되어 있는 미숙한 사람에게서 이런 경향을 흔히 볼 수 있다. 이들은 외부에서 다른 사람의 생각이나 가치관을 그대로 가져와 받아들이며, 마치 자기가 그 사람이 된 것처럼 맹목적으로 행동하기도 한다.

다중인격장애, 노이로제로 인한 신체 증상
– 신경증적 방어기제

신경증적 방어기제는 소위 노이로제라고 불리는 신경증 환자들이 많이 사용하는 방어기제다. 대표적인 것으로 전환(轉換)이나 해리(解離)를 예로 들 수 있다. 전환이란 의식에서 거부된 정신적 내용물이 신체 증상으로 바뀌어 나타나는 경우를 말한다. 여기서 신체 증상이란 신체 언어로 표현되는 일종의 상징적 메시지를 담고 있다. 남편에게 심한 폭언을 들은 후 갑자기 말을 못하게 된 한 부인의 경우가 좋은 예다. 그녀는 남편에게 폭언을 들은 직후 극도로 화가 났다. 그래서 자기도 온갖 욕을 다 퍼붓고 싶었지만 그럴 수가 없었다. 평생 정숙하고 단정하게 살아온 그녀로선 그런 심한 욕을 한다는 것을 스스로 받아들일 수가 없었기 때문이다. 그래서 그 타협책으로 아예 목소리가 안 나오는 신체 증상을 발생시켰다. 목소리가 마비되면 아무리 욕을 하고 싶어도 할 수 없으니까 말이다.

한편, 해리란 일시적 또는 영구적으로 생각이나 기억, 또는 자기 주체성의 상실이 일어나는 정신 현상이다. 일상에서 흔히 보는 가벼운 해리 증상으로는 백일몽이나 최면 상태 같은 것이 해당된다. 좀 더 심각한 해리 현상으로는 다중인격장애가 있다. 역사상 가장 극적인 다중인격장애 사례로는 미국의 빌리 밀리건(William Stanley Milligan)이란 사람을 들 수 있다. 이는 얼마 전 우리나라에서 〈킬미 힐미〉라는 인기 드라마의 소재가 되기도 했다. 빌리 밀리건의 어머니는 그가 어릴 때 이혼하고 다른 남자와 재혼했지만 두 번째 남편마저 자살하고 말았다. 불우한 어린 시절을 보내던 빌리 밀리건은 다섯 살 때 제2의 인격인 크리스틴을 처음 만들어 낸다. 그리고 아홉 살에 세 번째 새아버지에게 성적 학대를 당한 일을 계기로, 본래 인격을 포함해 무려 스물네 개의 복잡한 인격을 가진 사람으로 성장하게 된다.

빌리 밀리건은 성인이 된 후 다수의 무장 강도와 강간 사건을 저지르면서 경찰에 체포되었다. 이후 법정심리 과정에서 그

52

가 다중인격장애를 앓고 있음이 처음으로 밝혀졌다. 처음에는 수사관들이나 의사들까지 그가 처벌을 피하려고 연기를 펼친다고 생각했다. 하지만 각자의 인격이 갖고 있던 설명하기 힘든 놀라운 재능들이 하나씩 밝혀지면서 그는 전 세계적으로 화제의 인물이 되었다. 결국 그는 정신 이상이 있다는 이유로 무죄 선고를 받고 정신병원으로 이송되었다. 그는 정신병원에서 십 년간 치료를 받은 후 퇴원해서 나중에 영화 감독으로 데뷔하기도 했지만, 결국 요양원에서 홀로 쓸쓸한 최후를 맞았다고 전해진다.

마더 테레사, 에볼라 의료진, 유머
– 성숙한 방어기제

반면 성숙한 자아를 가진 사람들에게서만 발견되는 좀 더 진화된 방어기제도 있다. 여기에는 이타주의(利他主義), 유머, 승화(昇華) 등이 대표적이다. 이타주의란 타인을 건설적으로 돕는 행동에서 만족감을 느끼는 경우이다. 마더 테레사가 보인 평생에 걸친 희생적 삶이나, 목숨을 걸고 서아프리카의 에볼라 감염 환자 치료에 자원하는 의료진들이 바로 그런 좋은 예이다.

유머도 스트레스로부터 자신을 지키는 성숙한 대응 방법이다. 불쾌한 감정을 웃음을 유발하는 상황으로 대체시켜 긴장을 줄이는 것이다. 유머 감각이 좋은 사람이 인기가 좋은 것은 유머를 통해 본인뿐 아니라 주변 사람들의 긴장감과 불쾌감까지 재치 있게 줄여 주기 때문이다.

'승화'는 본능적 욕망을 사회적 가치가 더 큰 행동으로 바꿔 스트레스를 해결하는 방식이다. 청소년기에 왕성한 성적 에너지를 춤이나 스포츠 활동으로 발산하는 것이 전형적인 예이다. 또한 어릴 때 부모에게 충분한 사랑과 관심을 못 받고 자라서 불만이 많았던 사람이 어른이 되어 버림받은 아이들의 보육 사업에 헌신하는 경우도 그 좋은 예라 할 수 있다.

우리의 자아는 매일 정신 내부와 외부로부터 많은 도전에 부딪히고 있다. 외부로부터 오는 도전은 주변 환경과 인간관계에서 비롯되는 스트레스가 대부분을 차지한다. 반면 내부로부터 오는 도전은 이드-자아-초자아로 이루어지는 정신의 3대 축이 흔들릴 때 오는 불안이다. 이런 내·외부의 도전과 부딪혀서 정신적 안정이 흔들리면 자아는 우리를 지키고자 자동적으로 심리적 방어기제를 작동시킨다.

이렇게 유용한 목적으로 작동되는 심리적 방어기제이지만 그것이 무조건 다 좋은 것만은 아니다. 예를 들어 원시적이거나 미숙한 방어기제들 위주로만 사용하는 사람들은 주변 사람들을 매우 힘들게 만들 수 있다. 지금 나 자신은 어떤지 스스로를 돌아보라. 혹 스트레스를 받을 때마다 나도 모르게 원시적이거나 미숙한 방어기제를 남용하고 있진 않은가? 만약 그렇다면 지금부터라도 일상에서 이런 대응 방식을 줄이려는 적극적인 노력이 필요하겠다.

4장

내 기억이 때론 진실이 아닐 수도 있다

– 기억의 메커니즘

"기억은 일종의 약국이나 실험실과 유사하다.
아무렇게나 내민 손에 어떤 때는 진정제가,
때론 독약이 잡히기도 한다."

— 마르셀 프루스트

뇌는 중요한 것만 압축해서 기억한다

우리 뇌가 매일 처리하는 정보의 양은 엄청나다. 그날그날 우리에겐 수많은 크고 작은 일들이 일어난다. 많은 사람을 만나 많은 말을 하고, 이런저런 일들에 대해 수시로 판단을 내려야 한다. 그런 과정에서 뇌에는 필연적으로 많은 정보가 쌓이게 마련이다. 만약 이렇게 쌓이는 정보를 정리하지 않고 그대로 둔다면 어떻게 될까? 아마도 뇌 회로에 심각한 과부하가 걸려 금방 엉망이 되고 말 것이다.

따라서 뇌는 중요하지 않은 정보는 금방 삭제하고 중요한 것만 압축된 기억의 형태로 저장한다. 실제 일어난 사건이 기억으로 보관된 것을 '사실기억'이라 한다. 사실기억은 뇌 속 '해마(hippocampus)'라는 기억 서랍 속에 보관된다. 해마 내부의 고유한 저장 방식으로 인해 기억 서랍 속에 엄청난 양의 정보 저장이 가능하다. 대개 그 기억이 얼마나 중요한가, 그리고 얼마나 최근에 일어난 일인가에 따라 저장의 우선순위가 달라진다. 당연히 중요한 것일수록, 그리고 가까운 시기에 일어난 것일수록 회상하기 쉬운 장소에 보관되게 마련이다.

해마가 손상된 사람은 기억의 저장이 일어나지 않는다. 기억과 관련해서 의학사에서 유명한 인물로 헨리 몰래슨(Henry Gustav Molaison)이라는 사람이 있다. 그는 어릴 때 뇌를 다쳐서 발생한 난치성 뇌전증(간질 발작이 수시로 일어나는 질병) 때문에 오랜 시간 고통을 받았다. 의사들은 뇌전증을 치료하기 위해 그에게 양측 해마를 포함하는 뇌 절제술을 권유했다. 이때까지도 해마의 절제가 어떤 문제를 일으킬지 의사들도 잘 몰랐다. 그런데 헨리 몰래슨은 이 수술을 받은 이후 어떠한 새로운 기억도 습득할 수가 없었다. 그래서 그는 병원에 있는 동안 매일 회진을 오는 의료진들에게 매번 처음 보는 사람처럼 인사를 건네곤 했다. 이를 계기로 해마가 새로운 기억을 저장하는 데 있어 핵심 기관임이

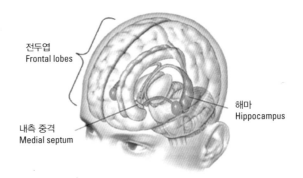

전두엽
Frontal lobes

해마
Hippocampus

내측 중격
Medial septum

헨리 몰래슨은 해마를 포함하고 있는 양쪽 내측두엽의 대부분을 절제하였다. 이후 그는 죽을 때까지 수술 받을 당시의 나이인 27세의 기억으로 살았다. 이를 계기로 해마가 새로운 기억을 저장하는 핵심 기관임이 알려졌다.

알려지게 되었다. 현재 헨리 몰래슨의 뇌는 그의 사후에 기억에 대한 학술 연구 목적으로 샌디에이고에 있는 캘리포니아 대학에 기증되어 보관되고 있다.

기억에는 사실기억뿐만 아니라 '정서적 기억'이란 것도 있다. 이것은 실제 겪은 사건을 그 사건과 관련된 핵심 감정만 기억의 형태로 저장한 것을 말한다. 예를 들어 유치원에 다니는 아이가 수업 시간 도중에 선생님이 읽으라고 시킨 책을 읽다가 말을 더듬어서 무척 창피한 경험을 했다고 치자. 이 사건에서 아이가 겪은 핵심 감정은 아이들 앞에서 겪은 수치심이다. 시간이 흐르면서 아이의 기억 속에는 그날의 세부 상황에 대한 기억은 사라지고 단지 여러 사람들 앞에서 겪었던 수치심만 남게 된다. 이런 기억을 정서적 기억이라 한다. 이것은 '편도체(amygdala)'라는 또 다른 기억 서랍에 보관된다.

편도체는 우리 뇌 속 정서적 처리 과정에 중요한 역할을 한다고 알려져 있다. 이런 편도체의 기능과 관련해서 1994년 학계에 처음 보고된 S.M.이라는 유명한 여자 환자가 있다. 그녀는 우르바흐-비테(Urbach-Wiethe)병이라는 희귀 유전병에 걸린 환자였는데, 그 결과 좌우 양측 편도체가 모두 파괴되었다. 흥미롭게도 그녀는 이 병에 걸린 이후 긍정적인 감정반응은 유지되었지만, 불안과 공포와 같은 부정적인 감정반응은 거의 보이지 않게 되었다. 그래서 그녀는 일상생활에서 종종 위험한 상황에 노출되어도 그에 상응하는 적절한 반응(불안이나 공포반응)을 보이지 못해 거의 죽을 뻔한 경험을 자주 겪곤 했다.

그뿐만 아니라 그녀는 이 병에 걸린 이후로 감정과 관련된 삽화기억을 오래 보존하기가 불가능해졌다. 일반적으로 강렬한 정서적 자극을 받으면 삽화기억의 강화작용이 일어나서 장기기억이 가능해진다고 알려져 있다. 그런데 그녀는 이런 자극을 받아도 기억의 강화작용이 일어나지 않아 그 사건을 오래 기억할 수 없었다. 즉 편도체의 손상이 정서적 기억의 보존에도 심각한 결함을 유발하게 된 것이다.

정서적 기억은 과거에 겪은 정서적 경험과 유사한 상황에 처했을 때 재활성화된다. 앞서 언급한 수치심에 대한 정서적 기억이 남아 있던 사람의 예를 들어 보자. 그는 어른이 되어 회사에서 여러 사람 앞에서 중요한 발표를 하다가 잠깐 말을 더듬었다. 이때부터 그는 걷잡을 수 없이 부끄럽고 당황하게 돼 발표를 마칠 때까지 몇 분간 끔찍한 시간을 보내야만 했다. 나중에 아무리 생각해 봐도 자신이 왜 그렇게까지 당황했는지 잘 이해가 되질 않았다. 사실은 회사에서 여러 사람 앞에서 말을 더듬거리던 그 순간에 어릴 적 수치심에 대한 정서적 기억이 되살아났기 때문이다.

이별의 기억이 초래한 공황발작　20대 후반의 학교 선생님인 경미 씨가 상담을 받으러 온 것은 갑자기 나타난 심한 공황 증상 때문이었다. 경미 씨는 3개월 전 3년간 사귀어 온 남자 친구와 심하게 다툰 후 갑작스레 헤어지게 되면서 처음으로 심한 공황발작을 경험했다. 이후 몇 차례 더 비슷한 증상이 나타났다. 처음에는 대수롭지 않게 넘겼지만 점점 더 증세가 잦아지자 결국 상담을 받으러 필자를 찾아왔다.

상담 과정에서 경미 씨가 그동안 잊고 지냈던 어린 시절의 기억이 드러났다. 경미 씨는 5녀 1남 중 넷째 딸이었다. 시장에서 장사를 하던 어머니는 막내 남동생을 낳은 후 여섯 아이를 혼자 키우는 게 힘들었다. 그래서 경미 씨를 바로 위의 언니와 함께 시골 외갓집으로 보냈다. 다행히도 경미 씨는 초등학교 입학 전까지 2년간 외갓집에서 지내면서 엄마를 별로 찾지 않았다. 간혹 엄마가 딸들을 보러 왔다가 돌아갈 때도 엄마와 떨어지는 걸 별로 힘들어하지 않았다. 그래서 오히려 엄마가 더 섭섭해할 정도였다.

그런데 2년 후에 집으로 돌아온 경미 씨는 그때부터 한시도 엄마와 떨어지지 않으려 했다. 사실 경미 씨는 엄마와 떨어져 지내면서 너무 무섭고 외로웠다. 그렇지만 자기를 버린 엄마에 대한 원망 때문에 일부러 엄마가 보고 싶지 않은 척했을 뿐이었다.

이런 그녀에게 남자 친구와 헤어지는 사건은 엄마에게 버림받은 경미 씨의 유년기 아픈 기억을 자극했다. 즉 남자 친구와의 이별을 통해 자극된 어린 시절 정서적 기억의 회상이 공황발작을 유발한 셈이다.

기억은 왜 왜곡되는가

사실기억이든, 정서적 기억이든 간에 기억은 그 내용이 워낙 방대해서 효율적인 보존을 위해 아주 압축된 형태로 저장되어 있다. 그러다 보니 기억의 세부 내용은 대부분 무의식 속에 묻혀 있을 때가 많다. 해마나 편도체 같은 기억 서랍 속에 저장되는 기억은 제목만 달려서 보관되는 경우가 많다. 컴퓨터에 비유하자면 파일명만 달린 채로 저장되어 있는 셈이다. 그래서 기억의 세부 내용까지 꺼내려면 무의식 속에서 연관 기억을 찾는 복잡한 탐색 작업을 거쳐야 한다. 그러다 보면 간혹 잘못된 탐색의 결과로 기억의 왜곡이 일어나기도 한다.

기억의 왜곡이 일으킨 고양이 공포증 30대 초반의 회사원인 병석 씨는 고양이를 병적으로 무서워했다. 병석 씨는 어릴 때부터 고양이를 기르는 집에는 아예 놀러가려고 하지 않았다. 길을 가다가 우연히 길고양이와 마주쳐도 소스라치게 놀라서 멀찌감치 피해 가곤 했다. TV에서 고양이가 나오는 장면만 봐도 가슴이 뛰고 불안해져서 채널을 돌려 버렸다. 그런데 아무리 생각해도 고양이를 그토록 싫어할 만한 특별한 이유가 없었다. 고양이 공포증이 얼마나 심했는지 오히려 주변에서 더 걱정하며 상담을 받아보라고 권할 정도였다. 병석 씨는 고양이와 관련된 숨겨진 기억이 있는지 알아보기 위해 최면치료를 권유받았다.

최면 상태에서 병석 씨는 여섯 살 유치원생 시절로 돌아갔다. 그는 불 꺼진 어두운 교실에 혼자 앉아 어머니를 기다리고 있었다. 그때 갑자기 커다란 갈색 길고양이 한 마리가 창문을 통해 교실로 들어왔다. 어둠 속에서 고양이와 정면으로 마주친 병석 씨는 무서워서 꼼짝도 할 수 없었다. 금방이라도 고양이가 자신에게 덤벼들어 공격할 것만 같았다. 최면 상태에서 병석 씨는 몸을 심하게 떨면서 눈물까지 흘렸다.

가끔 기억 서랍 속에 압축되어 저장된 기억과 무의식 속에 묻혀 있는 세부 기억이 잘못 연결되거나 그 내용이 왜곡되기도 한다. 고양이 공포증이 있던 병석 씨의 경우가 그랬다. 병석 씨가 어릴 때 유치원에서 고양이와 맞닥뜨린 일은 사실이었다. 하지만 최면 속에서 기억해 낸 것처럼 어두운 교실에서 무서운 고양이와 홀로 맞닥뜨린 것은 아니었다.

병석 씨의 어머니는 외국계 기업에 다니던 회사원이었다. 어머니가 회사일로 항상 바빠서 병석 씨는 늦게까지 유치원에 혼자 남아 어머니가 데리러 오기를 기다리곤 했다. 고양이와 맞닥뜨린 그날도 다른 아이들은 다 집으로 돌아가고 병석 씨 혼자만 교실에 남아 어머니를 기다리고 있었다. 하지만 불 꺼진 교실에서 오로지 혼자 있었던 것은 아니다. 선생님과 함께 교실에 있었고, 그때 우연히 길고양이 한 마리가 교실로 들어왔던 것이다.

그런데 병석 씨는 왜 그렇게 왜곡된 기억을 떠올렸을까. 사실 병석 씨는 어머니가 자기를 데리러 오지 않을까 봐 늘 두려웠다. 어머니는 냉정한 성격으로 병석 씨에게 항상 엄격한 편이었다. 병석 씨가 무슨 잘못을 하면 어머니는 종종 이렇게 얘기를 하곤 했다.

"그렇게 나쁜 짓을 하는 아이는 영화 속 올리버(소설 『올리버 트위스트』의 주인공)처럼 거리에서 나쁜 사람들과 어울려서 살게 된단다."

병석 씨는 자기도 올리버처럼 거리의 아이가 될까 봐 두려웠다. 그래서 어머니에게 버림받을지 모른다는 두려움이 고양이에게 투사되었고, 결국 무서운 고양이에 대한 왜곡된 기억이 만들어졌던 것이다. 어머니에게 버림받을지 모른다는 두려움이 기억의 왜곡을 일으켰다.

　인간은 생명체 중 기억의 영향을 가장 많이 받는 존재라고 할 수 있다. 심지어 어떤 기억은 우리 유전자 속에까지 저장되어 후손에게 전달되기도 한다. 그래서 지구상의 어떤 동물보다 인간의 뇌 안에 있는 기억 서랍이 가장 크고 정교하게 만들어져 있다. 이렇듯 기억은 우리를 만물의 영장으로 만들었지만, 바로 그 기억 때문에 우리는 때때로 힘들어지기도 한다. 과거의 고통스러운 기억이나 왜곡된 기억으로 인해 힘들어하는 사람들을 보면 오히려 아무 기억도 하지 못하는 게 나을지 모른다는 생각이 들 때가 있다.

　프랑스의 소설가 마르셀 프루스트는 인간이란 과거와 현재의 현실에 동시에 머무를 수 있는 이중적인 존재라고 했다. 우리는 현재를 살면서도 끊임없이 과거의 영향을 받을 수밖에 없다. 그런데 과거의 사건을 선명하게 기억하는 것 같지만, 사실 우리가 기억하는 내용은 실제 경험한 사건 중 극히 일부에 불과하다. 그나마도 대부분 무의식 속에 묻혀 잊히거나 교묘하게 왜곡되기 일쑤이다.

　이렇게 망각이나 왜곡을 일으키는 가장 중요한 동력은 무의식 속 감정이다. 감정은 그만큼 우리 기억에 큰 영향을 끼친다.

그래서 우리가 철석같이 믿고 있는 기억이 때론 진실이 아닐 수도 있는 것이다. 기억과 감정은 얼핏 봐선 서로 무관해 보이지만 사실은 떼려야 뗄 수 없는 사이다. 기억의 탐색에 관심이 생긴다면 먼저 무의식 속 감정부터 잘 탐색해 봐야 하는 이유가 바로 거기에 있다.

5장

나를 사랑하는 것도 병이 될 수 있다

— 자기애와 자기애성 인격장애

"전혀 상관없는 사람들도 나를 주목하고,
아주 멀리 있는 사람들도 나를 주시하며,
나를 부정하는 사람들도 나의 최면술로 살게 될 것입니다.
나는 너무나도 풍요롭기 때문에
스스로를 조금씩 나눠주어야만 합니다."

– 에곤 실레, 〈오스카르 라이헬에게 보낸 편지(1911)〉 중에서

100명 중 한 명은 자기애성 인격장애

인격이란 일상생활에서 드러나는 한 개인의 정서적, 행동적 특징의 총화라 할 수 있다. 만약 인격적 특성 때문에 지속적으로 환경에 적응하지 못하고 사회적, 직업적 기능과 대인관계에서 심각한 문제를 일으킬 경우 이를 인격장애라 한다.

요즘 언론에 '자기애'나 '자기애성 인격장애'라는 표현이 심심치 않게 등장한다. 소위 '슈퍼 갑질'이나 분노조절 장애 관련 사건들이 잇따르면서 나온 말들이다. 어릴 때부터 재벌가의 2세나 3세로 자라 늘 멋대로 살면서 주변 사람들을 종처럼 부리다가 큰 사고를 치는 식이다. 때론 자존심이 상했다고 걷잡을 수 없는 분노에 사로잡혀 주변 사람들에게 패악을 부리다가 비극적 결말을 맺는 사건이 보도되기도 한다.

사실 자기애란 말의 어원은 그리스 신화에 등장하는 나르키소스라는 인물에서 비롯된 말이다. 나르키소스는 강의 신인 케피소스와 요정인 리리오페 사이에서 태어난 아들로서 너무나 아름다운 외모를 지녀 일찍부터 많은 사람과 요정들로부터 구애를

– 에코와 나르키소스(1903)
존 윌리엄 워터하우스 작.

받았다. 하지만 나르키소스는 자신을 따르고 연모하는 이들에게 늘 냉담했고 아무 관심도 두지 않았다. 이에 상처를 입은 구애자들 가운데 한 요정이 있었다. 그녀는 실연의 아픔을 겪으면서 그렇다면 나르키소스 역시 아무도 사랑하지 못하게 해 달라고 저주했다.

어느 날 나르키소스는 사냥을 나갔다가 물을 마시러 호숫가에 가게 된다. 그러다가 우연히 호수에 비친 너무나 아름다운 자기 얼굴을 보고 사랑에 빠진다. 그는 물속에 비친 아름다운 자기 모습에 반해 그 자리를 떠날 수 없었다. 그러면서 그는 점점 말라갔고 결국 죽음에까지 이른다. 그 후 호숫가에 아름다운 꽃이 한

송이 피었는데 그 꽃이 바로 수선화(속명: 나르키수스)였다.

　자기애는 사실 모든 사람이 지니고 있다. 정도의 차이가 있을 뿐 누구나 자기를 사랑한다. 그런데 자기애성 인격장애는 이것이 지나쳐 병적인 수준에 이른 경우를 말한다. 정신분석에서는 삶의 본능을 결정하는 에너지인 리비도가 외부 대상이 아니라 오로지 자기 자신만을 향하는 상태를 병적 자기애라 한다. 대개 어린 시절 자존감이 심하게 손상되는 경험을 겪으면서 생긴 무의식적 열등감이 원인인 경우가 많다. 이런 열등감을 감추려는 반작용으로 자기애가 지나치게 커지는 것이다. 일반적으로 대략 100명 중 한 명이 여기에 해당된다니 비교적 드물지 않게 볼 수 있는 셈이다.

　여기서 잠시 정신분석에서 자주 언급되는 리비도에 대해 설명하고 넘어가 보고자 한다. 리비도(libido)란 원래 라틴어로 '욕망'을 뜻하는 용어로서, 자기 마음속 정신 구조나 외부의 다양한 대상에 투입되는 일종의 정신적 '에너지'를 뜻한다. 프로이트는 처음에 리비도를 성적 반응과 행위의 원동력인 성적 에너지를 표현하는 용어로 사용했다. 하지만 나중에는 삶의 본능을 결정하는 에너지와 같이 훨씬 더 넓은 의미로 사용한다. 그는 인간의 정신 현상을 결정하는 양대 본능으로 삶의 본능인 리비도와 공격적 본능(aggressive drive)을 들 정도로 리비도를 중요하게 생각했다. 그래서 만약 리비도가 적절히 밖으로 방출되지 못하면 흐름이 막혀서 결국 급성 신경증을 초래한다고 보았다.

프로이트는 자기애를 생존에 꼭 필요한 것으로 리비도가 투입된 일종의 정신적 보완물이라 생각했다. 1세 미만의 영아들은 대개 자기와 외부와의 구분이 잘 안 되기 때문에 모든 쾌감이 자기 내부로부터 온다고 생각한다. 이들의 리비도는 외부 내상보다는 주로 자기 자아를 향하고 있는데(ego libido), 이런 상태를 일차적 자기애(primary narcissism)라 한다. 일차적 자기애는 발달과정 중에 나타나는 정상적인 현상이다.

아이가 성장하면서 외부 대상에 대한 관심이 늘어나게 마련이다. 그러면서 리비도 중 일부도 외부 대상을 향해 움직이게 된다. 우리가 누군가를 좋아하고 관심을 갖는다는 것은 자기애의 일부를 다른 외부 대상에게 주는 것이다. 정신분석학적으로 설명하자면 이는 자아를 향한 리비도를 외부 대상을 향한 리비도(object libido)로 전환시키는 것이라 할 수 있다. 그런데 이렇게 외부 대상을 향했던 리비도를 모두 철수시켜 다시 자아에게 되돌리는 경우를 이차적 자기애(secondary narcissism)라 한다. 이차적 자기애는 일시적일 경우 정상 과정일 수도 있지만, 오래 지속된다면 병적인 상태로 봐야 한다.

화가들이 자화상에 집착하는 이유

자기애성 인격장애는 유독 예술가들에게 많다고 알려져 있다. 특히 자기 자신을 모델 삼아 작품 활동을 하는 예술가들 중에 그런 사람이 많다. 빛의 화가로 알려진 렘브란트(Rembrandt Harmenszoon van Rijn)는 특히 자화상에 집착한 화가로 알려져 있다. 후대의 사람들은 그가 이렇게 자화상에 집착한 이유를 병적

- 두 개의 원이 있는 자화상(1665~1669)
렘브란트 작.
렘브란트는 자화상에 집착한 화가로 유명하다.
그것은 병적인 자기애적 성향에서 비롯된 것으로 알려져 있다.

- 꽈리 열매가 있는 자화상(1912) / 위
- 검은 꽃병이 있는 자화상(1911) / 아래
에곤 실레 작.
에곤 실레 역시 자화상을 많이 그린 화가로 유명하다.

인 자기애적 성향에서 찾았다. 그는 평생 동안 80점이 넘는 자화상을 남겼다. 여기에는 젊고 자신만만한 모습의 분위기에서부터, 늙고 파산했으며 주위에 아무도 남지 않은 듯한 고독한 모습의 분위기까지 다양한 얼굴이 담겨 있다. 렘브란트가 그린 자화상의 변천을 보고 있노라면 한 사람의 인생 이야기가 작품 속에 고스란히 담겨 있는 듯하다.

오스트리아 출신 화가인 에곤 실레(Egon Schiele) 역시 자화상을 많이 그린 화가로 유명하다. 그는 평생 동안 200점이 넘는 자화상을 남길 정도로 그것에 집착했는데, 그 배경에는 자기애적 성향이 큰 영향을 미쳤다. 실제로 에곤 실레가 스무 살에 같은 화가이자 친구인 페슈카(Anton Peschka)에게 쓴 편지에는 자기애적 성향이 잘 드러나는 다음과 같은 구절이 눈에 띈다.

혜안을 가진 열 명을 포함한 천 명의 학자가 있습니다. 그들 중에는 한 명의 천재, 한 명의 발명자, 한 명의 창조자가 있습니다. 그리고 지식을 가진 사람은 몇천 명이나 됩니다. 이 세상에는 셀 수 없이 많은 훌륭한 사람과 앞으로 훌륭하게 될 사람들이 있겠지요. 그렇지만 나는 나의 훌륭함이 마음에 듭니다.[*]

---

[*] 구로이 센지, 『에곤 실레, 벌거벗은 영혼』, 김은주 옮김, 다빈치, 39쪽

나를 긍정적으로 비춰줄 거울이 필요하다

하인츠 코후트(Heinz Kohut)라는 미국의 정신분석가는 일찍부터 자기애적 정신병리에 깊은 관심을 갖고 많은 연구를 한 사람으로 유명하다. 그는 자기심리학(self psychology)이라는 새로운 현대 정신분석 이론을 창시한 인물로 잘 알려져 있다. 그는 자기애의 정상적 발달 과정에서 자기반사 대상(mirroring self-object)이라는 존재가 매우 중요하다고 했다. 자기반사 대상이란 말 그대로 자기를 거울처럼 비춰 주는 사람을 말한다.

예를 들어 어린아이는 자신이 위험에 처하면 엄마가 지켜 줄 것이라는 믿음을 갖는다. 엄마는 곁에서 대기하고 있다가 언제든지 아이가 불편해하거나 원하는 것이 있으면 즉각적으로 반응을 보여 준다. 이때 아이는 반복되는 엄마의 반응을 보고 '아, 나는 이 사람에게 정말 중요하고 소중한 대상이구나'라는 믿음을 갖게 된다. 그러면서 점차 스스로에 대해 긍정적 자기상을 발전시킨다. 즉 엄마라는 거울을 통해 건강한 자기애가 발달하는 것이다.

그런데 이 시기에 엄마의 따뜻한 보살핌을 제대로 받지 못한다면 어떻게 될까? 아이는 쉽게 상처받고 짜증을 잘 내거나, 아니면 자신감이 없어서 우울하고 위축된 모습을 보이게 된다.

이렇게 결핍된 관계를 경험하다 보면 병적으로 자기애가 커지는 부작용이 생기기도 한다. 그렇게 해서라도 자기를 지키려는 무의식적 보상심리 때문에 오히려 지나치게 잘난 척을 하게 되는 것이다.

무한한 성공욕으로 가득찬 병적 자기애 30대 중반인 시연 씨는 국내 굴지 금융 회사의 과장으로 근무하고 있다. 그녀는 어려서 미국으로 유학을 가 상류층 자녀들이 다니는 기숙 학교를 거쳐 미국 동부의 명문 대학을 나왔다. 학창 시절 시연 씨는 잘나가는 친구들과만 어울리려 했고 스스로 최고라 생각했다. 대학 졸업 후 바로 미국 월가의 금융 회사에 취직해 다니다가 몇 년 전 지금 직장으로 스카우트되어 금의환향하였다. 처음 몇 년간 회사에서 승승장구했던 그녀는 최근 정기 인사에서 기대했던 승진에 실패하면서 급속도로 우울해져 병원을 찾게 되었다.

자기애성 인격장애 환자는 무한한 성공욕으로 가득 차 있다. 하지만 주변 사람들의 존경과 관심을 끌려고만 할 뿐, 그들과 잘 공감하지 못한다. 출세나 성공을 위해선 수단과 방법을 가리지 않는다. 모든 것을 자기중심적으로 생각하고, 자기 능력에 대해 비현실적 자신감을 가진다. 그리고 사회적으로 성공하거나 유명한 사람하고만 어울리려 한다. 사소한 비판도 참지 못하고 화를 잘 낸다. 이들은 잘나갈 땐 괜찮지만 작은 실패만 겪어도 극단적으로 우울해진다.

시연 씨가 바로 그런 경우였다. 그녀는 어릴 때 부모님이 이혼해 외가에서 자랐다. 외가는 부유했지만 가족 간에 대화가 별로 없었다. 외조부모는 늘 일류만을 고집했고 성공을 가장 큰 미덕으로 여겼다. 이혼 후 우울감이 심했던 어머니는 어린 딸을 잘 돌보지 못했다. 그래서 시연 씨는 늘 외로웠고 사랑받지 못한다고 느꼈다. 자존감의 상처를 숨기려고 시연 씨는 더 센 척, 더 잘난 척을 해야만 했다. 성공과 출세만이 자존감을 보상해 줄 것 같아 거기에 더 집착한 것이다.

시연 씨는 성공하고 싶은 열망이 컸기에 처음에 입사해서 정말 열심히 일했다. 하지만 동료들은 시연 씨를 늘 잘난 척만 하고 동료들을 무시하는 '재수 없는' 존재로 여겼다. 그래서 하찮게 봤던 직장 동료들에게 집단 따돌림을 당했다. 직장 내 따돌림이 심해지자 더불어 그녀의 짜증도 심해졌다. 하지만 그녀는 자기가 너무 잘나서 질시를 받는다고 생각했다. 그래서 동료들과 잘 지내려 노력하기보단 상사들과 잘 지내는 데 더 신경을 썼다. 어쩌다 친하게 지내려 다가오는 동료가 생겨도 지나치게 자기중심적인 시연 씨 태도 때문에 얼마 못 가서 관계가 소원해지곤 했다. 직장에서 그렇게 외톨이로 지내면서도 시연 씨는 별로 개의

치 않았다. 니들이 못나서 지금은 나를 질투하지만 결국에는 나를 부러워하게 될 것이라고 생각했다.

하지만 승진에 실패하게 되자, 자존감이 무너지면서 극단적 분노가 밀려왔다. 나같이 뛰어난 인재를 제대로 알아보지 못하다니 직장 상사들이 모두 멍청하게만 느껴졌다. 한동안 직장 상사들을 미워했지만 결국 부질없는 짓이었다. 동료들도 모두 자기를 우습게 보고 뒤에서 손가락질하는 것만 같았다. 결국 다른 사람에 대한 분노의 칼끝이 점차 자기 자신을 향하게 되면서 시연 씨는 극심한 우울증에 빠지게 된 것이다.

최근 자기애성 인격장애 환자가 늘어나는 이유

1950년대 미국 베이비붐 세대 아이들은 풍요로운 환경에서 자신들을 무조건 떠받드는 부모 밑에서 자랐다. 타인에 대한 배려가 부족하고 뭐든 자기가 먼저 가져야 하는 이 세대를 미국의 정신분석학자들은 "김미 퍼스트(Gimme first)" 세대라 불렀다. 그런데 이들이 성년이 된 1970년대 이후 미국에서는 자기애성 인격장애 환자가 폭증했다.

우리나라도 1980년대 이후로 집에서 왕자나 공주처럼 자란 아이들이 많아지면서 최근 자기애성 인격장애 환자가 눈에 띄게 늘고 있다. 가까운 중국에서도 1가구 1자녀 정책의 영향으로 대부분의 청년들이 자기중심적인 사람으로 성장한 탓에 이른바 많은 '소황제'들이 생겨났다. 그들이 일으키는 각종 사회 문제에 대한 보도가 최근에 심심치 않게 들려온다. 세상이 언제나 자기 중심으로 돌아간다고 믿는 일부 상류층 자녀들의 일탈 행동 역시 이런 자기애적인 병리라는 관점에서 해석할 수 있겠다. 이들은 공통적으로 자기중심적이고 타인에 대한 공감 능력이 턱없이 부족하다. 좌절에 취약해서 작은 실패도 잘 견디지 못하고 쉽게 우울해진다.

자기애성 인격장애 환자들은 공동체에 적응하기가 힘들다. 그래서 이들의 문제는 개인적 불행에만 그치지 않고 종종 사회적 문제로 발전한다. 이것을 예방하려면 어릴 때부터 공동체를 위한 최대선(最大善)을 강조하는 교육이 필수적이다. 사회 구성원 전체가 각자의 이기심에 사로잡혀 무의식 속 자기애를 자꾸 극대화시키는 방향으로만 달려간다면 우리의 미래는 결코 밝을 수 없을 것이다.

6장

현재 나의 인간관계는
어릴 적 경험과 연결된다

– 대상관계

"사람의 가치는 타인과의 관계로서만 측정될 수 있다."

– 니체

대상관계란 무엇인가

우리는 매일 많은 사람들을 만나며 살아간다. 어떤 사람에 겐 별다른 이유 없이 쉽게 호감을 느끼지만, 어떤 사람은 그냥 싫을 때도 있다. 소위 궁합이 잘 맞는 사람과는 금방 친해지지만, 그렇지 않은 사람과는 계속 껄끄럽다. 왜 그런 것일까? 이는 아주 어릴 때부터 경험을 통해 축적된 인간관계의 원형(原形)이 다른 사람에 대한 호불호에 영향을 미치기 때문이다. 정신분석에 서는 이렇게 마음속에 내재되어 있는 인간관계의 원형을 대상관계(對象關係)라고 부른다.

대상관계는 인생 초기에 자신을 돌봐 주던 가까운 사람(대개는 엄마)과의 관계에서부터 시작된다. 예를 들어 아무리 힘들어도 화를 잘 내지 않고 사랑으로 돌봐 주는 엄마 밑에서 자란 아이들 은 어른이 되어서도 다른 사람들과 좋은 인간관계를 맺기가 쉽다. 하지만 양육 태도가 변덕스러운 엄마 밑에서 자란 사람은 기본적으로 다른 사람들을 잘 믿지 못하고 의심이 많은 성격을 갖기 쉽다.

정현 씨의 마음이 공허했던 이유　1년째 상담을 받아 오던 20대 중반의 정현 씨는 필자의 사정 때문에 원래 예정되었던 상담 시간을 갑자기 취소하게 되었다. 그 다음번 상담 시간에 정현 씨는 자기 마음속이 텅 비고 마치 아무것도 없는 것처럼 공허하다고 호소했다. 필자는 상담이 갑자기 취소되었을 때 어떤 마음이었냐고 물어 보았다. 정현 씨는 그동안 그런 일이 한 번도 없었기에 필자의 가족 중 누군가가 갑자기 많이 아픈 건 아닌지 걱정했노라 대답했다. 그러면서 필자가 아이들을 잘 돌봐 주는 좋은 아빠일 것 같다고 했다. 그리고 아마 자기처럼 자기중심적이고 늘 요구 사항만 많은 사람은 다른 사람을 그렇게 잘 돌봐 주기 힘들 거라며 슬픈 표정을 지었다.

그런데 그 다음번 상담에서 정현 씨는 갑자기 정해진 상담 시간을 다른 시간대로 바꿔 달라고 요청했다. 필자가 거절하자 그때부터 필자를 무책임하고 이기적인 의사라며 비난하기 시작했다. 그러면서 정신과 의사들이란 환자를 그런 식으로 조종하고 이용해 먹는 부류의 인간들이라며 화를 냈다. 그러다가 잠시 후 다시 자기 마음속이 텅 비고 공허하다며 호소하기에 이르렀다. 필자는 정현 씨의 반응이 이렇게 갑자기 바뀌는 현상에 주목했는데, 그는 마치 위선적이고 이기적인 엄마에게 배척당한 어린아이처럼 화를 내고 있었다. 실제로 정현 씨의 어머니는 매우 자기중심적이고 이기적인 사람이었다. 그래서 늘 자기가 잘못하고도 정현 씨에게 죄책감을 유발하는 방식으로 아들을 조종하곤 했던 것이다.

정현 씨는 상담 약속이 갑자기 취소되면서 사실은 화가 났고 외롭고 슬픈 기분이었다. 하지만 필자와(무의식적으로는 엄마로 느꼈다고 볼 수 있다) 좋은 관계로 잘 지내고 싶다는 소망이 강렬했기 때문에, 화가 난 감정을 쉽게 드러낼 수가 없었다. 그래서 억지로 마음속의 화를 억눌렀으나 분노감은 완전히 누그러지지 않았다. 그래서 필자와의 관계를 망칠 수도 있는, 위험한 분노감을 최대한 억압하고자 그렇게 자기 마음속을 텅 비고 공허한 상태로 만들어 버렸던 것이다.

부모가 아이의 인간관계에 결정적인 영향을 미치는 이유

이렇게 개인의 성격 발달에 있어 영유아기 시절의 대인관계경험을 가장 중요하게 생각하는 정신분석 이론을 대상관계 이론이라고 한다. 대상관계 이론에서 '대상'이란 나와 관계를 맺고 있는 중요한 다른 사람을 의미한다. 따라서 이 이론은 개인이 다

른 사람들과 맺는 관계, 즉 대상과의 관계에 초점을 맞춘다. 대상
관계라는 개념은 사실 프로이트가 처음 제안했다. 이후 영국의
멜라니 클라인(Melanie Klein), 윌리엄 페어베언(William Fairbairn),
도널드 위니코트(Donald Winnicott)나 미국의 오토 컨버그(Otto
Kernberg)와 같은 정신분석가들에 의해 발전되어 정신분석의 주
요 이론으로 자리 잡게 되었다.

대상관계 이론의 핵심은 현재의 인간관계가 과거에 이루어
진 타인과의 관계에 의해 영향을 받는다는 것이다. 즉 어린 시절
에 내재화된 대상관계가 이후 겪게 되는 모든 대인관계에서 재
현되고 반복된다는 의미이다. 이 이론에 따르면 어린아이의 가
장 기본적인 욕구는 자신에게 중요한 대상을 지각해서 마음속에
내재화시키는 것이다. 그래서 어린아이가 세상에서 경험하는 첫
대상이면서 가장 중요한 대상인 어머니와의 관계가 매우 중요하
다. 왜냐하면 어린아이는 어머니와의 관계경험을 내재화시켜 마
음속에 간직하고, 이런 경험을 근간으로 이후 타인들과 다양한
인간관계를 지속적으로 맺어 나가기 때문이다.

어린아이는 긍정적 경험을 주는 대상은 좋은 대상으로, 부정
적 경험을 주는 대상은 나쁜 대상으로 각각 분리해서 기억한다.
그리고 좋은 대상과 관계를 맺을 때는 자신을 좋은 사람으로 느
낀다. 하지만 반대로 나쁜 대상과 관계를 맺을 때는 자신도 나쁜

사람으로 느낀다. 그런데 만약 같은 대상이 어떤 때는 좋고 어떤 때는 나쁘게 느껴진다면 어떻게 될까? 그럴 경우 어린아이는 좋은 대상과 나쁜 대상이 각각 다른 대상이라 분리시켜 기억한다.

　아이는 커 가면서 점차 동일한 대상에게 좋은 측면과 나쁜 측면이 공존할 수 있음을 깨닫게 된다. 그런데 만약 유아기 때 부정적 대상관계경험이 너무 많다면 어떨까? 이럴 때 아이는 좋은 대상과 나쁜 대상을 하나로 통합하지 못하고 계속 분리시켜 받아들이게 된다. 그리고 이렇게 분리시킨 대상을 모두 나쁘거나, 아니면 모두 좋다고 파악하는 이분법적 사고를 보인다. 이런 사람들은 성인이 되어도 다른 사람들과 원만한 대인관계를 맺기 어렵다.

　대상관계에서 비롯된 성우 씨의 성공공포증　대기업 과장인 성우 씨는 최근 회사에서 승진에 실패하면서 급격히 우울해졌다. 부부 싸움도 점차 잦아져 이혼 얘기까지 나오게 되자 상담을 받으러 내원하였다. 1남 3녀 중 외아들인 성우 씨는 명문대를 졸업하고 남들이 부러워하는 직장에 다니고 있었다. 하지만 그는 회사에서 업무에서 꼼꼼하지 못하고 부주의하다는 지적을 자주 받았다. 1년 전 아이가 태어나면서부터는 부부 사이에 소소한 갈등이 잦아져 가끔 심각한 부부 싸움에 휘말렸다. 성우 씨는 심하게 말다툼을 하다가 자신도 모르게 부인에게 폭력을 휘두르게 되는 건 아닐지 두려워했다.

그의 아버지는 작은 기업체의 관리부서 직원으로 일했고, 어머니는 가정주부였다. 성우 씨 기억 속의 어머니는 예쁘고 자존심이 강하며 지적인 욕심이 많던 여자였다. 집안 형편이 어려워 대학을 중퇴한 어머니는 고등학교만 나온 아버지를 평소 은근히 무시했다. 사회적으로 성공하지 못한 아버지에 대한 실망감도 컸다. 그래서 성우 씨는 어릴 때부터 아버지가 못한 성공을 이뤄 낼 특별한 아이로 자신이 어머니에게 선택되었다고 느꼈다.

하지만 상담이 진행되면서 성우 씨는 어머니에 대한 새로운 모습들도 기억해 냈다. 어머니는 완벽주의적인 성향에 차갑고 완고한 성격을 지녀서 매사에 쉽게 만족을 못했다. 어머니에 대한 부정적 기억이 의식화되면서 아버지에 대한 새로운 기억도 떠올랐다. 성우 씨는 아버지에 대해 두 가지 상반되는 감정을 느끼고 있었다. 먼저 떠오르는 감정은 네 자녀와 부인을 부양하고자 평생 힘들게 일했지만 늘 불만족의 대상이었던 아버지에 대한 측은함이었다. 하지만 다른 한편에는 성공도 못하고 야심도 없던 무기력한 모습에 대한 분노감도 뒤섞여 있었다. 사실 아버지는 성우 씨에게 양면성을 가진 존재였다. 아버지는 사회적으로 실패한 존재였지만, 성우 씨의 절대적 지지자이기도 했다. 아버지는 공부 잘하고 똑똑한 성우 씨를 무척 자랑스러워했다. 그래서 별로 넉넉지 못한 형편에서도 아들의 공부를 위해서라면 어떤 지원도 아끼지 않았다. 그래서 성우 씨는 아버지를 미워하는 것에 대해 상당한 죄책감을 느꼈다.

사실 성우 씨는 성공하고 싶은 마음과 아버지를 이기고 싶은 마음을 무의식적으로 동일시하고 있었다. 만약 그가 성공한다면 그건 아버지가 못한 일을 어머니를 위해 자신이 대신해 주는 것이었다. 그런데 어머니를 기쁘게 할 성공이란 것은 아버지를 이기고 아버지와의 갈등을 증폭시키는 행동이기도 했다. 그래서 성우 씨는 무의식적으로 자신이 아버지처럼 지적 성취나 사회적 성공을 이루지 못한 사람이 되려고 행동한다는 것을 깨달았다.

이런 대상관계는 치료자인 필자와의 관계에서도 비슷하게 나타났다. 성우 씨는 자신이 성공적인 치료 사례가 되는 것이 치료자에게 필요할 것이라고 생각했다. 또한 치료자를 지적, 경제적, 사회적 측면에서 성공한, 자신의 이상적 모델로 여겼다. 하지만 이런 이상화에는 명백히 이와 상반되는 양가감정이 담겨 있었다. 성우 씨는 종종 교육, 직업, 지능, 전문적인 훈련 측면에서 치료자와 자신을 비교하며 경쟁하곤 했다. 대개 자신이 치료

자에 비해 뒤떨어진다고 생각해서 열등감을 느꼈다. 하지만 때
론 자신이 치료자보다 더 젊고 잘생기고 키도 더 커서 여자들에
게 인기도 많다며 은근히 우월감을 드러내기도 했다. 어느 날 성
우 씨는 상담 시간에 치료자와 자전거 경주를 한 꿈 얘기를 꺼냈
다. 꿈에서 자기보다 더 비싸고 좋은 자전거를 탄 치료자가 경주
에서 앞서 나가자 성우 씨는 화가 났다고 했다. 그래서 자전거로
치료자를 밀어서 길 옆 절벽 아래로 떨어뜨렸다는 것이다. 꿈 해
석을 통해 성우 씨가 치료자에게 무의식적 경쟁심과 적대감을
갖고 있으며, 아버지에게도 이와 비슷한 감정을 갖고 있음이 밝
혀졌다.

치료자에 대한 성우 씨의 부정적 감정에는 어머니에 대한
감정도 담겨 있었다. 그는 아버지를 능가하고 싶었지만 그러기
가 불안했다. 마찬가지로 상담을 열심히 받아서 치료자를 기쁘
게 해 주고 싶었지만, 어머니처럼 치료자도 결국 자신에게 만족
하지 못하게 될까 봐 두려웠다. 아무리 열심히 해도 치료자는 자
신을 분석도 잘 못하고, 똑똑하지도 못하다고 생각할 것 같아 화
가 났다.

이렇게 화가 날 때는 상담 작업 역시 제대로 집중하지 못했
다. 그리고 이런 상황은 회사에서 실수를 거듭하고 쉽게 집중하
지 못하는 자신의 모습과 오버랩되었다. 처음에는 직장에서 실

수를 잘하고 집중을 못하는 것이 아버지와의 경쟁에 대한 양가 감정 때문이라고만 생각했다. 하지만 그것만이 전부는 아니었다. 성우 씨의 그런 행동은 도저히 만족시킬 수 없는 어머니에 대한 분노감 때문이기도 했다. 그래서 어머니처럼 냉정하고 완벽해 보이는 치료자를 이기고 싶어서 상담 시간에도 일부러 부주의한 실수를 반복했다.

성우 씨 마음속에는 아버지를 능가하고 싶은 마음과 죄책감이 공존하고 있었다. 또한 아무리 애를 써도 어머니를 만족시키는 게 불가능할 것이라는 좌절과 분노도 동시에 존재했다. 그래서 결국 그의 인생은, 성공도 실패도 할 수 없는, 어정쩡한 상태가 될 수밖에 없었다.

성우 씨의 성공공포증은 다음과 같은 두 가지 행태의 대상관계에 근거하고 있었다. 먼저 아들의 성공을 원하지만 완벽한 자기 만족이 불가능해서 결국 좌절과 분노감만 유발하는 어머니와의 관계였다. 또 다른 대상관계는 만약 아버지를 뛰어넘어 성공한다면 그로 인해 복수를 당할 수도 있는 위협적인 아버지와의 관계였다. 이런 두 가지 대상관계는 상담 과정 중 치료자와의 관계에서도 똑같은 방식으로 재현되었다.

상담을 통해 이런 사실을 깨달으면서 성우 씨는 마음속 대상관계의 제약으로부터 점차 벗어날 수 있었다. 그 결과 오래된 자기패배적인 생활 방식에서 해방되어 직장에서 승진도 하게 되었다. 성공공포증을 극복하자 오랜 우울감이 사라졌고 아내와의 관계도 많이 회복되었다. 성우 씨는 마음속 대상관계의 변화를 통해, 다른 사람들과의 대인관계는 물론, 인생 전체가 바뀌는 경험을 했다.

껄끄러운 인간관계가 반복된다면

이처럼 아주 어릴 때부터 고착된 타인과의 대상관계는 성장하면서 조금씩 변할 수는 있지만 큰 틀은 변함없이 그대로이기 쉽다. 다시 말해 대상관계란, 인생 초기에 겪은 대인관계경험이 압축판의 형태로 무의식 속에 내재화된 것이다. 이렇게 무의식 속에 내재화되는 대상은 현실에 실제 존재하는 대상의 모습에 자신의 주관적 환상이 덧씌워져 만들어진다.

이렇게 마음속에 내재화된 대상의 이미지는 나중에 다른 사람들과 인간관계를 형성하는 데 큰 영향을 미친다. 때문에 무의식 속에 들어 있는 숨겨진 대상관계를 잘 파악하는 것은 매우 중요하다. 만약 당신이 살면서 사람들과 계속 비슷한 패턴으로 껄끄러운 인간관계를 반복한다면 어떨까? 그럴 땐 상대를 탓하기

전에 먼저 자기 마음부터 들여다볼 필요가 있다. 마음속의 왜곡된 대상관계의 원형을 발견해서 적절하게 고칠 수만 있다면 당신의 인간관계 전반을 얼마든지 바꿀 수도 있기 때문이다.

7장

숨죽이고 있는 내 마음속의 불

– 화와 공격성

"마음속에 타오르는 불과 영혼을 가지고 있다면
그걸 억누를 수는 없으니 터뜨리기보다는
태워 버리는 게 나아."

– 고흐, 〈여동생 빌에게 쓴 편지(1887)〉 중에서

화병, 정서적 · 신체적으로 화가 조용히 폭발하는 것

　최근에 가족이나 연인, 또는 직장 동료 사이에서 생긴 불화 때문에 일어나는 비극적인 사건 보도가 자주 눈에 띈다. 대개 오랜 기간 동안 쌓여 온 심각한 불화가 그 배경 원인으로 작용할 때가 많은 듯하다. 하지만 막상 사고가 날 때는 아주 사소한 갈등이 단초가 되어 순식간에 끔찍한 결과를 초래하는 경우가 많다. 마음속에 깊숙이 눌러온 화를 순간적으로 참지 못해 대형 사고로 발전하는 것이다. 그런데 도대체 '화'란 무엇인가?

　화(火)란 마음속 깊숙이 쌓여 억눌려 있는 일종의 분노감이다. 한마디로 억울하고 분한 상황에서 감정을 제대로 표현하지 못해 생기는 것이다. 프로이트의 정신분석 이론에 따르면 인간에게는 두 가지 중요한 본능이 존재한다. 성적 본능이라 알려져 있는 리비도와 더불어, 나머지 하나가 바로 공격성이다. 화는 바로 이 공격성을 자극하기 때문에 잠재적으로 강력한 폭발성을 갖고 있다.

　어떤 때는 주변 환경의 제약이나 소심한 성격 때문에 화를 분출하지 못하고 마음속에 계속 쌓아 두는 경우도 있다. 이렇게 밖으로 분출되지 못한 화는 우리 마음속에서 조용히 터지는 폭탄이 되기도 한다. 일례로 마음속에 쌓인 화가 우울감, 불안감과 같은 정서적 증상으로 바뀌는 현상이 바로 우울증이다. 그와는 달리 마음속에 쌓인 화가 서서히 신체 증상으로 바뀌면서 발현되는 현상을 신체화(身體化)라 한다. 차곡차곡 쌓인 분노의 날카로운 칼끝에 마음이 베이면서 몸에 먼저 탈이 나는 것이다. 이렇게 정서적, 신체적으로 화가 조용히 폭발하는 것을 바로 '화병'이라 한다.

전형적인 화병의 사례 명화 씨는 70대 중반의 가정주부이다. 한 달 전부터 갑자기 마음이 불안하고 잠이 잘 안 오며 가슴에서 열감이 느껴지기 시작했다. 게다가 소화도 잘 안 되어 자주 체하고 가슴이 벌렁거리면서 손 떨림 증상까지 발생하여 결국 병원을 찾게 되었다. 하지만 병원에서 이런저런 검사를 해 봐도 특별한 이상을 발견할 수 없었다. 결국 정신과 상담을 권유받아 필자를 찾게 되었다.

명화 씨는 20대 초반에 중매로 시집을 갔다. 남편이 3남 4녀 중 맏아들이어서 명화 씨는 시어머니와 시누이들에게 혹독한 시집살이를 당해야 했다. 명화 씨는 시부모님께 순종하는 것을 미덕으로 여기며 평생 동안 잘 참고 견뎠다. 시어머니가 10년 넘은 긴 투병 생활 끝에 3개월 전 결국 세상을 떠날 때까지 병간호를 전적으로 책임졌던 사람도 명화 씨였다. 그런데 시어머니가 돌아가신 후 유산 분배 과정에서 남편 형제들 사이에서 분란이 일어났다. 시어머니가 큰아들인 남편에게 물려 준 고향의 땅에 대해 다른 형제들이 공평한 분배를 요구하면서 다툼이 발생했던 것이다. 명화 씨의 증상은 전형적인 화병으로 보였다. 평생 동안 조금씩 쌓여 온 울분이 재산 분배 갈등을 계기로 폭발하면서 다양한 정서적, 신체적 증상의 형태로 나타났던 것이다.

화가 쌓이는 현상을 의학적으로는 자율신경계의 이상으로 설명하기도 한다. 자율신경계란 우리 의지와 무관하게 움직이는 신경계로서 주로 내장 기관의 기능과 밀접한 관련이 있다. 자율신경계에는 교감신경계와 부교감신경계라는 것이 있는데, 스트레스가 쌓이거나 분노의 감정이 쌓일 때 직접적으로 자극되는 곳이 바로 교감신경계이다. 따라서 화가 쌓인다는 것을 달리 표현하자면 교감신경계가 지나치게 자극되어 열을 받고 있는 상태라 할 수 있다. 반면 부교감신경계는 열 받은 교감신경계를 가라앉혀 주는 일종의 소방수 역할을 함으로써 우리 몸의 내적 균형을 유지시켜 준다.

따라서 화를 조절하기 위해서는 지나치게 자극된 교감신경계를 가라앉히고 부교감신경계 기능을 활성화하는 것이 필요하다. 일반적으로 부교감신경계를 활성화하는 데 많이 사용되는 방법으로는 명상, 참선, 복식 호흡, 근육이완 훈련과 같은 것이 있으며, 신경정신계에 작용하는 여러 약물들도 도움이 될 수 있다. 또한 분노가 적절히 분출되지 않고 쌓이기만 해서 생기는 게 화병이므로, 평소에 자기 감정을 적절한 수준으로 잘 표현하는 것도 중요하다. 그러기 위해서는 스트레스를 줄이기 위한 적절한 여가 활동이 필요하다. 마음이 통하는 가까운 사람들과 진솔한 대화를 나눔으로써 평소에 화가 지나치게 쌓이지 않게 하는 것도 중요하다.

잘 조절되지 않는 화는 극단적인 경우 살인이나 자살과 같은 비극적인 사건으로 발전하기도 한다. 마음속에 조용히 쌓여 온 화가 어느 순간 그 임계치를 넘어서면서 갑작스럽게 폭발하는 것이다. 그 결과 극단적인 분노 발작이나 폭력적인 행동으로 공격성이 분출된다. 우리 주변에서 별것 아닌 일로 너무 심하게 화를 내거나 폭력적으로 변하는 사람들을 종종 볼 수 있다. 대개 마음속에 쌓인 화가 그 원인으로 작용하는 경우가 많다.

20대 초반 유학생이 보인 폭력성 영우 씨는 중학교 때부터 미국 유학을 떠나 유학생 생활을 해 왔다. 고등학교를 마친 후 어렵게 미국의 대학에 입학한 영우 씨는 전공과목 수업을 잘 따라가지 못해 많이 힘들었다. 학교 생활에 잘 적응하지 못하면서 친구들과도 잘 못 사귀고 혼자 지낼 때가 많았다. 이때부터 영우 씨는 혼자서 술을 먹기 시작했다. 그렇게 술을 많이 마시면서 주변 사람들과 심하게 싸우게 되는 경우가 잦아졌다. 1년 전 영우 씨는 결국 다니던 학교에서 정학 처분을 받고 한국으로 돌아오게 되었다.

영우 씨는 귀국한 이후 집에서만 지내는 시간이 많았다. 그러면서 가족들에게 화를 내는 경우가 점점 더 잦아졌다. 밖에서 술을 먹고 들어온 날이면 화를 더 심하게 냈다. 그러다가 부모님에게 폭력을 휘두르는 경우까지 생겼다. 필자를 찾아오기 한 달 전에도 술을 먹고 집에서 기물들을 때려부수고 어머니와 누나에게 주먹을 휘두르는 일까지 벌어졌다. 신체적 위협을 느낀 어머니와 누나는 임시로 집을 나가 밖에서 지내야만 했다. 주변 가족들의 간곡한 권유로 영우 씨는 이런 폭력성에 대한 상담을 받고자 필자 병원을 내원하게 되었다.

상담 첫 시간에 영우 씨는 마음속에 화가 주체할 수 없이 끓어오르곤 한다고 말했다. 자신이 아주 사소한 일에도 쉽게 화를 내고 자제력을 잃어서 폭력을 휘두르는 경우가 종종 있음을 인정했다. 그렇게 화를 내고 난 뒤엔 후회를 할 때가 많다고 했다. 사실 영우 씨는 미국의 대학에서 쫓겨나 귀국한 자신의 앞날에 대해 희망이 없다고 생각했다. 한국에 돌아온 이후론 특별히 하고 싶은 것도 없었다. 그리고 다시 새로운 삶을 시작하기 위해 무엇을 어떻게 해야 할지도 막막했다.

상담 과정에서 영우 씨의 불행했던 어린 시절이 조금씩 드러났다. 부모님은 영우 씨가 어릴 때부터 사이가 안 좋아 자주 싸웠다. 아버지는 화가 나면 종종 어머니를 때렸다. 가끔씩 자녀들에게 폭력을 휘두를 때도 있었다. 어머니도 아버지와 싸우고 나면 아버지를 닮은 모습의 영우 씨에게 종종 화풀이를 했다. 그래서 초등학교 시절 영우 씨는 줄곧 우울했다. 중학교에 들어가면서부터는 부모님께 대들다가 심하게 혼나거나 맞기도 했다. 학교생활도 잘 적응하지 못해 친구 없이 외톨이로 지낼 때가 많았다. 때론 나쁜 친구들과 어울려 피시방을 떠돌기도 했고, 같은 학교 학생들을 괴롭히며 돈을 뺏기도 했다.

점점 더 아들의 비행(非行)을 통제하기 힘들어진 부모님은 영우 씨를 미국에 유학 보내기로 결정했다. 영우 씨는 유학 가는 게 싫었지만 부모님의 뜻을 꺾을 수는 없었다. 중학교 3학년 때 처음 유학을 간 영우 씨는 한국 학생이 거의 없는 미국의 기숙 학교에서 학교를 다녀야 했다. 처음 몇 달 간은 말이 전혀 안 통해 줄

곧 외톨이로 지내야만 했다. 무척 외로웠지만 생존을 위해 열심히 말을 배우고 학교 환경에 순응했다. 부모님은 방학 때만 잠깐 볼 수 있었다. 하지만 부모님께 힘들다고 얘기해 봐야 소용이 없다고 생각한 영우 씨는 아무런 말도 하지 않았다. 부쩍 말이 없어졌지만 학교에서 별 말썽 없이 조용히 생활하는 영우 씨를 보면서 부모님은 아들이 유학 생활을 하면서 철들었다고 생각했다. 하지만 이런 가운데 영우 씨의 마음속에는 화가 계속 쌓여 가고 있었다.

어느 날 상담 시간에 그는 처음 유학 갔을 당시의 얘기를 들려주었다. 학교에 다니기 시작한 지 채 두 달도 안 됐을 무렵이었다. 수업이 끝나자 같은 반의 미국인 동급생 두 명이 그에게 다가와 별다른 이유 없이 시비를 걸었다. 하지만 그는 그 친구들이 하는 말을 제대로 이해할 수가 없어서 그냥 웃기만 했다. 그랬더니 그들은 영우 씨를 교실 뒤로 끌고 가 마구 때리기 시작했다. 그는 너무 아팠지만 뭐라 해야 할지 몰라서 그냥 아무 말 없이 맞기만 했다. 그런 말을 하면서도 영우 씨는 별다른 감정을 드러내지 않고 그저 무표정했다.

필자는 영우 씨에게 이렇게 얘기해 주었다.

"말도 안 통하고 도와줄 사람도 하나 없는 그곳에서 혼자 맞고 있을 때 정말 너무 외롭고 절망적이었겠네요."

잠시 침묵이 흘렀다. 한 30초 정도 지났을까? 그의 표정이 점차 분노에 가득 차 일그러진 모습으로 바뀌기 시작했다. 그는 이렇게 말했다.

"그때 나를 그곳에 보냈던 부모님을 도저히 용서할 수가 없어요. 도대체 내가 뭘 잘못했길래 혼자 그곳에서 벌을 받고 있었던 거죠? 그때 난 거기에 정말 가고 싶지 않았다고요. 그런데도 아무도 내 말엔 귀를 기울이지 않았어요. 그때 부모님은 그냥 골칫덩어리인 내가 당신들 옆에서 사라지길 바랐던 거죠!"

잠시 후 영우 씨는 조금씩 흐느끼기 시작했다. 오랜 시간 동안 마음속에 덮어 두었던 분노와 슬픔이 조금씩 터져 나오는 순간이었다. 이후 상담을 통해 마음속의 화와 거기에 동반되는 감정들을 조금씩 밖으로 드러내면서 그의 폭력적 행동도 점차 누그러져 갔다.

흔히 화는 만병의 근원이라고 한다. 화를 제대로 조절하지 못하면 각종 신체적, 정신적 증상들까지 발생할 수 있다. 바쁜 현대인의 특성상 타인과의 정서적 만남과 소통의 기회가 점점 더 줄어들 수밖에 없다. 화를 잘 조절하려면 평소 다른 사람들과의 감정적 소통이 중요한데, 그럴 기회가 점점 없어지는 셈이다.

사소한 감정이라도 평소에 표현하는 연습이 필요하다

감정적 소통을 잘하려면 과연 어떻게 해야 할까? 먼저 자기 마음을 잘 인지하고 표현하는 훈련이 필요하다. 그런데 우리 주변엔 평소 이렇게 자기 감정을 잘 파악하고 표현하는 게 어려운 사람들이 의외로 많다. 자기 감정을 드러내는 것을 나쁘다거나 심지어는 위험하다고 여기는 사람들도 있다. 이들은 감정의 절제를 미덕으로 생각하고, 부족한 자존감으로 인해 감정을 솔직히 드러내면 사람들이 싫어할까 봐 두려워한다. 때론 감정을 솔직히 표현해도 다른 사람들이 그걸 받아주지 않을 거라 지레짐작하기도 한다. 그러다 보면 무의식중에 마음의 빗장을 단단히 걸고 자기 감정을 잘 들여다보지 않게 된다.

이런 식의 감정적 소통의 단절이야말로 모든 화의 근원이 되기 쉽다. 그러므로 평소 마음을 활짝 열고 가까운 사람들에게 솔직한 감정적 소통을 하고자 노력하는 게 필요하다. 먼저 그때그때 느끼는 사소한 감정부터 다른 사람이 이해하기 쉽게 잘 표현하는 것이 중요하다. 평소 사소한 감정 표현을 잘할 수 있어야 진짜 중요한 감정도 잘 드러낼 수 있는 법이다. 자기 감정을 솔직히 잘 표현하는 것, 이것이야말로 만병을 예방하는 지름길인 셈이다.

8장

우리는 왜 사랑에 빠질까

– 사랑에 대한 정신분석학적 고찰

"사랑에는 항상 광기가 섞여 있다.
그러나 또한 그 광기 속에는 항상 어떠한 이유가 있다."

- 니체

어린 시절 부모와의 관계가
나의 사랑에 어떤 영향을 미칠까

살면서 누구나 한 번쯤은 사랑에 빠진다. 그런데 우리는 왜 사랑에 빠지는 것일까. 사실 뾰족한 답은 없다. 그냥 어쩌다 보니 사랑에 빠질 뿐, 대부분 특별한 이유가 없어 보인다. 하지만 모든 일엔 원인과 결과가 있듯이 사랑에 빠질 때도 분명 그럴 만한 이유가 있는 법이다.

정신분석학적 시각에서 바라보는 사랑이란 무의식 속에 있는 자신의 리비도를 외부의 어떤 대상에게 전적으로 쏟아붓는 것이다. 정신분석 용어로 이런 과정을 리비도의 몰입(cathexis)이라 부른다. 예를 들어 '너를 사랑해'를 정신분석학적으로 표현하자면 '내 리비도가 너에게 모두 cathexis되었어'가 될 것이다. 이렇게 리비도를 어떤 대상에게 몰입하는 과정은 대부분 무의식적으로 일어나는 일이라 스스로도 그 이유를 잘 모를 때가 많다. 그렇다면 도대체 왜 이런 일이 벌어지는 것일까?

누군가와 새롭게 인간관계를 맺을 땐 과거의 인간관계경험이 중요한 역할을 하게 마련이다. 발달심리학을 연구하는 학자들에 의하면 우리는 인생 초기에 소중했던 사람들과의 관계원형에 의해 큰 영향을 받는다. 예를 들어 어린 시절 부모와의 관계가 대표적이다. 어린아이에게 있어 부모의 존재는 절대적이다. 만약 부모의 보살핌이 없다면 아이는 생존 자체가 불가능하다.

그래서 아직 말을 못하는 어린아이라도 부모와 끊임없이 소통하려 한다. 사소한 얼굴 표정이나 작은 몸짓, 울음소리로 부모에게 자신의 마음을 전달하려 한다. 부모가 아이에게 사랑스러운 눈길을 보내면 아이는 웃음으로 화답한다. 부모가 아이에게 화를 내는 표정이나 몸짓을 보이면 아이는 움츠러들고 위축된다. 즉 부모가 보이는 그때그때의 감정 색깔에 따라 아이의 감정 반응도 달라질 수밖에 없다.

프로이트의 제자이면서 주요 정신분석학파 중 하나인 클라인 학파의 창시자이기도 한 멜라니 클라인은 아이의 인생 초기 발달단계에 대해 설명하면서 편집-분열적 상태(paranoid-schizoid position)라는 개념을 제안하였다. 대개 생후 6개월 이전에 속하는 이 시기의 아이들은 자기를 돌봐 주는 엄마(또는 아이에게 엄마 같은 역할을 하는 보호자)가 세상의 거의 전부라 해도 과언이 아니다. 아이들은 배가 고프니 배불리 먹여 달라거나, 대소변을 봤으니 깨끗이 닦아 달라거나, 혹은 자기와 눈을 맞추고 놀아 달라거나,

졸린 자기를 달래서 편하게 잠을 재워 달라는 욕구를 갖고 있다. 아이는 이런 생리적, 정서적 욕구에 대해 엄마가 그때그때 즉각적으로 잘 반응해 주면 좋은 엄마로 인식하고, 그렇지 못하면 나쁜 엄마로 인식한다.

그런데 아이들은 아직 인지기능이 충분히 발달하지 못해서 엄마가 때에 따라 좋은 엄마가 될 수도, 나쁜 엄마가 될 수도 있음을 이해하기 힘들다. 그래서 아이의 세계는 늘 좋은 엄마가 있는 세상과 늘 나쁜 엄마가 있는 세상으로 이분법적으로 나뉘게 된다. 만약 아이를 돌보는 엄마가 아이의 욕구에 잘 순응해 준다면 아이는 세상을 좋은 엄마로 둘러싸인 안전한 환경으로 인식할 것이다. 반면 엄마가 적절한 반응을 보여 주지 못한다면 아이는 세상을 나쁜 엄마로 둘러싸인 위험한 환경으로 인식하게 된다.

클라인에 의하면 아이가 갖는 이런 흑백논리적 인식에는 환상도 큰 역할을 한다. 비록 아주 단순한 형태지만 어린아이들도 여러 가지 환상을 갖고 있다. 아이는 자기를 배불리 먹여 주고 잘 달래 주며 따뜻하게 안아 주는 좋은 엄마에 대해 긍정적 환상을 투사한다. 반대로 그렇지 못한 엄마에게는 부정적 환상이 투사된다. 사실은 같은 엄마가 상황에 따라 다른 반응을 보여 주는 것뿐이지만 아이는 그렇게 생각하지 않는다. 아이는 처음엔 그냥 무작위적으로 좋은 엄마와 나쁜 엄마가 자기 옆에 있다고 생각한다. 하지만 점차 경험을 통해 내가 착하게 굴면 좋은 엄마가, 나쁘게 굴면 나쁜 엄마가 올 거라고 예상하게 된다. 그런데 만약 아이의 예상과 달리 착하게 굴어도 좋은 엄마를 만날 수 없다면 어떻게 될까? 아마 아이는 절망에 빠져 좋은 엄마든 나쁜 엄마든 더 이상 엄마를 신뢰하지 않게 될 것이다.

자기를 돌봐 주는 엄마와의 이런 인생 초기 경험이 아이가 주변 세상과 주변 사람들을 어떻게 인식하고 받아들이느냐를 결정하는 중요한 잣대로 작용한다. 이 시기에 긍정적 관계를 많이 경험할수록 나중에 자존감이 높고 다른 사람들과 좋은 인간관계도 잘 맺는 사람으로 성장한다. 반대로 부정적 관계를 많이 경험했다면 주변 세상과 다른 사람들에 대해 쉽게 마음을 못 열고 의심이 많은 사람으로 성장하기 쉽다. 그래서 인생 초기에 겪는 부모와의 관계경험은 아이에게 정말 중요하다.

사랑, 무의식적 환상의 또 다른 이름

정신분석 치료를 받는 사람들 중엔 자신의 치료자를 이상화해서 좋아하게 되는 경우를 종종 볼 수 있다. 이때 치료자는 현실에서 보기 힘든 이상적인 아버지나 어머니처럼 느껴질 수도 있다. 때론 너무 매력적이고 멋져서 누구라도 사랑할 수밖에 없는 완벽한 이성처럼 보이기도 한다. 이런 감정을 정신분석 용어로 전이(轉移) 감정이라고 한다. 한때 세기의 연인이라 불렸던 마릴린 먼로(Marilyn Monroe)가 정신분석을 받으면서 자신의 분석가였던 랠프 그린슨(Ralph Greenson) 박사를 사랑했다는 사실은 공공연한 비밀로 알려져 있다. 실제로 정신분석을 받으면서 피분석자가 분석가를 잠깐 동안 사랑하게 되는 경우는 비일비재하다. 하지만 이런 사랑의 감정은 분석이 더 진행되면서 점차 사라지고 나중엔 그냥 분석가에 대한 고마운 감정만 남게 되는 경우가 대부분이다.

배우이자 가수였던 마릴린 먼로.
그녀는 《꿈의 해석》을 비롯한 프로이트의
여러 저작을 읽으며 정신분석에 관심을 가졌다.

그런데 이런 전이 감정은 어린 시절 부모와의 관계경험에서 비롯되는 것일 경우가 많다. 즉 현재 내 눈앞에 있는 치료자에게서 과거 어린 시절에 경험했던 부모와 일부 닮은 모습을 발견하는 것이다. 그리고 거기에 무의식적으로 자신의 환상을 투사해서 완전히 새로운 인물을 창조해 낸다. 그래서 사랑도 어떤 면에선 전이 감정과 아주 흡사하다.

왜곡된 마음속 거울에서 비롯된 사랑❶ 미연 씨는 30대 중반의 주부이다. 미연 씨의 남편은 최근 수년간 알코올 중독 때문에 여러 번 입원치료를 받았다. 공무원인 남편은 평소 온순하고 착한 사람이었다. 그런데 술에 취하면 성격이 난폭해져서 주변 사람들에게 수시로 폭력을 휘둘렀다. 다음 날 술에서 깨고 나면 잘못을 후회하고 사과를 하곤 했다. 하지만 그때뿐이었다. 남편의 알코올 중독 문제가 좀처럼 해결의 기미를 보이지 않자 우울해진 미연 씨는 상담을 받고자 병원을 찾게 되었다.

사실 미연 씨의 아버지도 주사가 심해 가족들을 많이 괴롭혔다. 직업 군인이었던 아버지는 평소 온순한 성격으로 주변에서 법 없이도 살 만한 사람이란 평을 들었다. 하지만 술이 문제였다. 아버지는 술만 먹으면 사람이 180도로 바뀌었다. 그래서 아버지가 술을 드시고 귀가하는 날엔 가족들 모두에게 비상이 걸

렸다. 술에 취한 아버지는 특히 어머니를 못살게 굴었다. 수시로 고성이 오갔고 결국엔 어머니에게 폭력을 휘두르곤 했다. 아버지는 술에 취하면 군대에서 하듯이 자식들에게도 군기를 잡곤 했다. 그럴 땐 미연 씨 형제들 모두 숨죽이며 되도록 아버지의 비위를 건드리지 않으려 애썼다. 그래서 그녀는 평소 아버지를 많이 미워했고, 술 좋아하는 남자와는 절대 결혼하지 않겠노라 다짐했었다. 그런데 남편이 알코올 중독이라니, 스스로 생각해도 기가 막힐 노릇이었다.

하지만 상담이 진행되면서 알게 된 미연 씨의 속마음은 이와 달랐다. 의외로 아버지에 대한 좋은 기억이 많았던 것이다. 사실 맨 정신일 때 아버지는 자식들에게 무척 다정다감했다. 미연 씨가 상담 시간에 떠올렸던 오래된 기억 중 4~5세경 아버지와 함께 놀이터에서 놀던 장면이 있었다. 미연 씨는 그 얘기를 하면서 아버지가 밀어 주던 그네를 타며 행복했던 느낌을 되살렸고 눈물까지 흘렸다. 그렇게 아버지와 함께한 순간들에는 좋은 기억이 참 많았다. 그래서 미연 씨 마음속 거울에 비친 아버지는 따뜻하고 좋은 사람이었다. 미연 씨 남편은 사실 아버지를 닮은 점이 많았다. 그래서 남편이 미연 씨에게 좋은 남자로 보일 수밖에 없었던 것이다. 남편을 사랑하고 결혼까지 결심했던 데에는 이렇게 왜곡된 마음속 거울이 결정적 역할을 했다.

우리가 성인이 되어 경험하는 사랑은 어릴 때 형성되는 초기 인간관계 원형의 영향을 크게 받는다. 어릴 때 부모와 강력한 신뢰관계를 경험해 본 아이는 나중에 다른 사람에 대해서도 이런 감정을 갖는 게 그리 어렵지 않다. 하지만 그런 신뢰경험이 부족한 아이들은 종종 무의식적 환상을 통해 심리적 결핍감을 메우곤 한다. 이들은 나중에 성인이 되어 사랑을 할 때도 자기 미음 속에 숨겨 두었던 무의식적 환상의 영향을 많이 받는다.

사랑도 상대의 인상이나 현실 조건에 대한 호감과 긍정적 평가에서 출발하지만 이것이 전부는 아니다. 여기에 자신의 무의식적 환상이 더해져서 긍정적 감정이 극대화될 때도 많다. 그래서 사랑하는 사람을 보면 왠지 너무 멋있거나 예쁘게 보이고, 그 사람과 함께 있으면 마냥 행복할 것만 같다. 하지만 그런 감정은 매우 주관적이라 사실 객관적인 근거는 전혀 없다. 그렇게 상대를 이상화하고 이상적인 상대와 함께 있으면 언제나 행복할 거라는 환상 때문에 사랑의 늪에서 빠져나오기가 더 힘들다.

왜곡된 마음속 거울에서 비롯된 사랑 ② 지수 씨는 30대 초반의 전문직 여성이다. 상냥한 성격에 매력적인 외모를 가진 그녀는 남자들 사이에서 인기였다. 격정적인 연애도 많이 했다. 하지만 결과는 늘 좋지 않았다. 그녀가 좋아한 남자들은 사회 통념상 적당한 상대가 아니었다. 그들 중엔 나이 많은 이혼남이나 심지어 유부남도 있었다. 게다가 지수 씨는 끊임없이 사랑을 확인받으려 해서 상대를 힘들게 만들었다. 결국 상대가 먼저 포기하고 떠나는 경우가 많았다.

지수 씨는 초등학교 입학 직후 부모님이 이혼했고 이후로는 어머니와 함께 살았다. 어머니가 아버지와 연락을 끊고 지낸 터라 아버지에 대한 기억도 별로 없었다. 그런데 상담 과정에서 잊고 지내던 아버지에 대한 무의식 속 기억이 많이 떠올랐다. 가장 오래된 기억은 어린이집에서 아버지 등에 업혀 집으로 돌아오던 장면이었다. 어린 지수 씨에게 아버지의 등은 따뜻하고 포근했다. 지수 씨는 마음속 거울에 아버지처럼 비춰진 따뜻하고 포근한 남자들에게 끌릴 수밖에 없었다.

하지만 아버지에 대한 그리움을 인정하는 건 어머니에 대한 배신이기도 했다. 그래서 지수 씨는 어울리지 않는 상대와 연애를 하면서 늘 죄책감을 느꼈다. 게다가 아버지처럼 그들도 언제든지 자기를 버리고 떠날지 모른다는 불안감도 있었다. 결국 왜곡된 마음속 거울로 인해 상대를 잘못 선택했지만 불안과 죄책감 때문에 관계를 유지하기도 어려웠던 것이다.

모든 인간관계의 원형은 자기 무의식 속의 거울에 비유할 수 있다. 사람들은 이 거울에 비춰진 모습을 근거로 다른 사람을 평가하고 인간관계를 맺는다. 그런데 거울에 비춰지는 모습은 사실일 수도, 사실이 아닐 수도 있다. 무의식 속의 거울은 전적으로 주관적 경험을 기반으로 형성되므로 거기에 비춰지는 모습도 환상에 의해 왜곡되기 쉽다.

사랑을 할 땐 자기에게 잘 맞는, 좋은 상대를 선택하는 것이 좋다. 그래야 좀 더 평탄하게, 그리고 오래 안정적으로 지속될 가능성이 높은 사랑을 할 수 있기 때문이다. 그러기 위해서는 내 마음속 거울이 상대를 왜곡하지 않고 바르게 비출 수 있어야 한다. 그런데 나에게 큰 영향을 미치는 무의식 속 인간관계의 원형이란 어떤 것일까? 그걸 알고 싶다면 어린 시절의 잊힌 기억들을 조금씩 꺼내서 찬찬히 더듬어볼 필요가 있다. 혹시라도 비뚤어진 거울에 비친 상대의 모습에 현혹되어 잘못된 사랑을 선택하는 걸 막고 싶다면 말이다.

9장

꿈을 들여다보면 답이 있다

- 꿈의 해석

"꿈은 무의식에 이르는 왕도이다."

– 프로이트

꿈, 무의식을 이해하는 중요한 척도

　우리는 매일 잠을 자면서 꿈을 꾼다. 꿈을 꾸지 않는 사람은 아무도 없다. 혹 자신은 꿈을 꾸지 않는다고 주장하더라도 그것은 단지 기억하지 못하기 때문이다. 이렇듯 잘 기억도 못하고 금방 잊어버리지만 꿈은 수면에서 필수적인 요소이다. 최근 수십 년간의 수면생리학 연구를 통해 수면은 1단계부터 4단계까지 비렘(non-REM)수면이라는 부분과 렘수면이라는 부분으로 나뉘어져 있음이 밝혀졌다. 꿈은 대부분 렘수면이라는 수면 시기 동안 꾸게 된다.

　뇌가 꿈을 꾸는 이유는 아직 분명치 않다. 그래서 꿈의 생리적 기능이 정확히 무엇인지에 대해서도 아직 논란이 많다. 꿈의 기능에 대한 유력한 설명 중 하나는, 그것이 낮 동안 우리가 겪는 경험 중 무의식에 축적되는 방대한 자료들을 정리하는 시간이라는 것이다. 우리는 늘 무의식의 영향을 크게 받으면서도 정작 무의식에 대해 잘 모른다. 그런데 꿈이 무의식을 이해하는 데 있어 중요한 역할을 할 때가 많다. 그래서 프로이트는 꿈을 '무의식에 이르는 왕도'라고까지 말했다.

　물론 꿈 중에는 별 의미가 없어 보이는 소위 개꿈도 많다. 하지만 때론 인생에서 매우 중요한 의미를 갖는 꿈도 있다. 그런데 그런 꿈의 의미는 어떻게 해석할 수 있을까? 우리가 꾸는 꿈 중에는 누가 봐도 의미를 금방 알 수 있는 쉬운 꿈도 있다. 하지만 그 의미를 도무지 종잡을 수 없는, 복잡한 꿈도 많다. 그 이유는 우리가 기억하는 꿈의 최종본이 처음 만들어진 원본과는 많이 다르기 때문이다.

　다양한 무의식적 의미를 담고 있는 꿈의 원본을 정신분석에서는 잠재몽(latent dream)이라 한다. 대개 잠재몽은 그 내용이 너무 노골적이거나 직설적이어서 우리 의식 속에서 쉽게 받아들이기 어려울 때가 많다. 따라서 잠재몽은 여러 단계의 수정 작업을 거쳐 우리가 실제로 꿈꾸는 내용인 발현몽(manifest dream)으로 바뀌어 나타난다. 이렇게 꿈의 원본은 무의식 속에서 자동적으로 수정 작업이 일어나면서 많이 바뀐다. 그렇다면 왜 이런 수정 작업이 일어나는 걸까? 그 이유는 좀 더 안전하고 받아들이기 쉬운 꿈이어야 꿈꾸는 사람이 놀라서 깨지 않고 수면 상태를 유지하기 때문이다.

무의식의 소망에 따라 달라지는 꿈　유치원 교사인 희선 씨는 급성 불안증 때문에 상담을 받으러 왔다. 그런데 희선 씨는 두 번째 상담 시간에 내게 이런 꿈 이야기를 들려주었다.

"나이가 지긋한 약사가 신비해 보이는 작은 과일을 주면서 이걸 먹으면 병이 나을 거라 했어요. 먹으니까 정말 마음이 편해지는 느낌이었어요."

모든 꿈에는 우리가 이루고 싶은 의식적, 무의식적인 소망이 담겨 있다. 단순한 소망을 담은 꿈은 원본과 최종본이 별로 다르지 않다. 그래서 해석도 어렵지 않게 할 수 있다. 희선 씨 꿈속의 신비한 과일은 내가 처방해 준 약이나 혹은 치료 그 자체를 상징했다. 이 꿈은 치료에 대한 마술적 기대감이 잘 표현된 꿈으로 생각된다.

그런데 무의식 속 소망이 의식에서 받아들이기 부담스러운 경우라면 얘기가 달라진다. 이 경우 꿈의 원본에는 필연적으로 많은 변화가 일어난다. 어느 날 희선 씨는 또 다른 꿈 얘기를 꺼냈다.

"끔찍한 괴물이 나를 물려고 계속 쫓아다녀서 무서웠어요. 서너 살쯤 된 어린애 같았는데 머리는 흉측한 짐승의 모습이었어요."

희선 씨는 6녀 1남 중 다섯째 딸이었다. 부모님은 남동생을 끔찍이 아꼈지만 딸들에게는 무관심했다. 특히 다섯째 딸인 희선 씨는 집에서 존재감이 거의 없는 딸이었다. 평소 아들을 간절히 원했던 부모님은 남동생이 태어난 뒤론 희선 씨에게 더욱 관심을 주지 않았다. 사실 희선 씨는 평소 남동생과 사이가 별로 나쁘지 않았다. 하지만 상담 과정에서 자유연상(自由聯想)을 통해 밝혀진 희선 씨 무의식 속 사정은 좀 달랐다. 남동생 때문에 늘 찬밥 신세였던 어린 희선 씨에게 남동생은 끔찍한 괴물과 다름없었다. 그렇다고 아무 잘못도 없는 남동생을 대놓고 미워하자니 양심의 가책 때문에 힘들었다. 이런 무의식 속 갈등으로 인해 어린 남동생 이미지와 흉측한 짐승의 이미지가 압축된 반인반수의 괴물이 꿈에 등장했던 것이다.

'꿈 해석'이란 무엇인가

점쟁이가 아닌 이상, 이미 원본과 많이 달라진 꿈 얘기만 듣고 바로 그 속에 담긴 내용을 모두 파악하기란 어렵다. 그래서 원본 속에 숨어 있는 무의식의 메시지를 정확하게 되살리는 게 중요하다. 어떻게 그럴 수 있을까? 그것은 꿈꾼 사람이 꿈에 대해 떠올리는 자유연상을 통해 가능하다. 그리고 꿈의 원본을 추론해 가는 이 과정을 정신분석 치료에서는 '꿈 해석'이라 한다.

꿈에 대한 자유연상 ❶ 경호 씨는 만성 우울증을 앓고 있었다. 어느 날 필자는 상담 시간 중 경호 씨에게 그가 아버지에 대한 무의식적인 적개심을 지닌 것 같다고 얘기해 주었다. 그는 내 해석에 대해 아무런 말도 하지 않았다. 다음 상담 시간에 경호 씨는 자신이 꾼 꿈에 대해 이야기했다.

"길모퉁이 약국에 들어갔어요. 그런데 내부가 너무 낡고 초라해 보였어요. 계산대 앞엔 점원이 앉아서 졸고 있었어요. 손님이 와도 아는 척도 안 하는 걸 보니 여긴 금방 망할 거라 생각했어요."

필자는 경호 씨에게 꿈에 대한 자유연상을 좀 더 시켜 보았다. 경호 씨가 어릴 때 큰 약국을 운영했던 아버지는 고향에서 알아주는 지역 유지였다. 아버지는 성격이 곧고 불같았다. 그래서 경호 씨에게 아버지는 무섭지만 동시에 존경의 대상이기도 했다. 그런 아버지를 미워한다는 것은 있을 수 없는 일이었다. 앞서 경호 씨는 아버지에 대한 무의식적인 적개심을 갖고 있다는 내 해석에 대해 별다른 반박을 하지 않았다. 대신 필자를 자신의 꿈속에서 금방 망할 것 같은 약국의 불친절한 점원으로 등장시켜 폄하했다. 낡고 초라한 약국에서 졸고 있는 점원은 경호 씨 무의식 속의 아버지이기도 했다. 그래서 꿈은 약사였던 아버지에 대한 무의식적인 적개심도 간접적으로 드러내고 있었다. 일종의 중의법인 셈이다.

꿈은 이렇게 원본과는 전혀 다른 내용으로 바뀌거나, 좀 더 간접적이고 상징적인 내용으로 변형되기도 한다. 또한 자신의 생각이나 감정이 다른 사람의 것인 양 투사되어 나타나기도 한다. 따라서 정신분석에서 꿈 해석은 복잡한 수정 작업을 거쳐 변형된 발현몽에서 원본인 잠재몽을 역추적해 가는 과정이라 할 수 있다. 물론 이것은 쉽지 않다. 따라서 꿈꾼 사람의 심리 상태에 대한 충분한 정보 없이 겉으로 드러난 발현몽만 갖고 꿈을 해석하는 것은 매우 비과학적이다. 예를 들어 꿈에서 똥을 보면 돈을 벌게 된다는 식의 해석은 과학적 해석이 아니라 그냥 미신에 불과하다.

꿈에 대한 자유연상❷ 30대 중반의 중학교 교사인 나연 씨는 말이 없고 수줍음을 많이 타는 조용한 성격이었다. 그녀는 지나치게 우유부단하고 수동적인 자기 성격이 마음에 들지 않아 상담을 받으러 내원하였다. 나연 씨는 사소한 일도 혼자 결정하지 못했고, 직장에선 늘 동료나 윗사람 눈치를 봤다. 남자 친구를 사귈 때도 자기 감정보단 상대의 감정부터 먼저 살폈다. 그러다가 상대가 조금만 싫은 내색을 하면 금방 위축되어 더 이상 진지한 관계로 발전하지 못했다.

몇 차례 상담을 진행하다가 어느 날 나는 마음속에 있는 무서운 어머니 때문에 이런 문제가 생기는 것 같다고 그녀에게 말해 주었다. 그녀는 내 얘기에 대해 긍정도 부정도 하지 않았다. 그 다음 상담 시간 때 나연 씨는 전날 밤 꾼 꿈 이야기를 들려주었다.

　　"목이 아파서 약국에 갔는데 선생님이 카운터에 앉아 있었어요. 제게 큰 알약을 주면서 먹으라고 하는데 약이 너무 커서 목으로 잘 넘어가지 않는 거예요. 그런데도 선생님은 괜찮을 거라고 했어요."

　　꿈 이야기를 들어 보니, 나연 씨가 지난 시간에 내가 한 얘기를 잘 받아들이지 못한 것 같았다. 그래서 "평소 엄마에게 할 말을 잘 못하듯이 여기에 와서도 하고 싶은 말을 제대로 못하는 것 아니냐"라고 물어 보았다. 나연 씨는 잠시 아무 말도 없었다. 그러다가 조심스레 속마음을 털어놓기 시작했다. 사실은 지난번 상담 시간에 내 얘기를 듣고 쉽게 공감이 가지 않았다고 했다. 그렇지만 그런 얘기를 하면 혹시 내 기분이 상할까 봐 아무 말도 못했다는 것이다. 나연 씨는 사실 집에서도 엄마에게 하고 싶은 말을 잘 못했다. 엄마가 무서웠기 때문이다.

　　나연 씨는 3녀 1남 중 장녀였다. 아버지는 나연 씨처럼 조용하고 얌전한 성격의 초등학교 선생님이었다. 반면 실향민으로 시장에서 장사를 했던 어머니는 억척스러운 성격이었다. 어머니는 하나뿐인 아들에게 무척 관대했지만 딸들에겐 별로 살갑지 않았다. 부모님 성격이 서로 많이 달라서 두 분 사이는 별로 좋지 못했다. 그래서인지 어머니는 아버지를 많이 닮은 나연 씨에게 툭하면 잘못을 지적하고 야단을 쳤다.

그런 어머니에게 나연 씨는 늘 순종적이었다. 동생들에게도 양보를 많이 하는 편이었다. 그래서 주변에서 착하고 얌전하다는 소리를 많이 들었다. 이런 환경 속에서 자란 나연 씨는 늘 남의 눈치를 살피는 우유부단한 성격을 갖게 되었다.

어느 날 나연 씨는 내게 또 다른 꿈 이야기를 들려줬다.

"어릴 때 살았던 집 근처였던 것 같아요. 창문에선 따뜻한 불빛이 흘러나오고 도란도란 웃음소리가 들렸어요. 저만 집 밖 어둠 속에 혼자 서 있었어요. 그런데 갑자기 공이 하나 데굴데굴 내 쪽으로 굴러오기에 그걸 세게 걷어차 버렸어요."

꿈과 관련돼 떠오르는 자유연상을 나연 씨에게 시도해 보았다. 늘 외로움을 많이 타는 편이었던 지난 날 자신의 삶에 대한 얘기가 이어졌다. 그러다가 갑자기 어릴 때 남동생이 갖고 놀던 작은 공이 생각난다고 했다. 나는 나연 씨에게 "집에서 항상 관심의 대상이었던 남동생에 대한 부러움과, 어린 나연 씨를 혼자 버려 둔 엄마에 대한 원망이 함께 담겨 있는 꿈인 것 같다"라고 해석해 주었다. 그러자 잠시 말이 없던 나연 씨는 점차 흐느껴 울기 시작했다. 꿈을 통해 무의식 속 생각이 드러나면서 오랫동안 억눌렸던 감정이 밖으로 터져 나왔던 것이다.

꿈은 경험, 본능적 욕망, 무의식적 소망의 복합체

모든 꿈의 기본 소재는 꿈꾸는 사람의 과거와 현재 경험에서 나온다. 프로이트는 어떤 꿈도 우리의 본능적 욕망이나 무의식적 소망의 작동 없이 만들어지지 않는다고 했다. 그런 관점에서 보면 꿈이란 과거와 현재의 실제 경험, 본능적 욕망이나 무의식적 소망의 복합체라 할 수 있다. 그래서 꿈의 해석은 곧 우리의 과거와 현재, 그리고 소망하는 미래의 모습까지도 이해하는 데 큰 도움이 되기도 한다.

살다 보면 자기 마음이 캄캄한 어둠 속에 갇혀 있지만 밖으로 나갈 길은 보이지 않는 경우가 종종 있다. 그럴 땐 우리가 매일 꾸고 쉽게 잊는 꿈이 우리를 바깥세상으로 이끄는 한 줄기 빛의 역할을 해 주기도 한다.

10장

무의식 속 환상은
위대한 예술작품을 낳는다

− 예술과 정신분석

"위대한 예술은 언제나 고귀한 정신을 보여준다."

– 피카소

"위대한 예술가는 영혼에 응답하는 영혼의 노래를 듣는다."

– 로댕

창작과 놀이는 모두 무의식을 기반으로 한다

네덜란드 헤이그에 있는 마우리츠하위스(Mauritshuis) 왕립미술관에 가면 유독 사람들이 몰리는 작품이 하나 있다. 요하네스 페르메이르(Johannes Vermeer)라는 화가가 그린 〈진주 귀걸이를 한 소녀〉이다. 오래전 필자가 네덜란드에 갔을 때 그 작품이 보고 싶어 일부러 물어물어 헤이그까지 찾아간 적이 있다. 그때 그림 속 아름다운 소녀에 매혹되어 그녀가 살았던 350년 전 과거 속으로 잠깐 시간 여행을 떠났던 행복한 기억이 있다.

이렇듯 뛰어난 예술작품은 시대를 뛰어넘어 사람의 마음을 끌어당기는 힘이 있다. 그런데 우리는 왜 아름다운 예술작품에 끌리는 것일까. 지그문트 프로이트는 예술가가 지닌 창조성의 원천을 아이의 놀이에서 찾아야 한다고 했다. 창작과 놀이는 모두 무의식에 뿌리를 두면서 종종 환상의 형태로 표현된다는 점에서 서로 닮았다.

아이들은 놀이를 통해 자기 무의식 속 환상을 그대로 드러낼 때가 많다. 놀이 속에서 상상 속의 인물을 창조해서 그 대상과 진지한 대화를 나누기도 한다. 이런 환상에는 아이 자신의 무의식 속 내용물이 큰 영향을 미친다. 예를 들어 아주 냉정한 엄마 밑에서 원하는 사랑을 제대로 받지 못하고 자란 아이가 있다고 치자. 어느 날 아이는 자신이 엄마가 되어 인형을 아기처럼 돌봐 주는 인형놀이를 한다. 놀이 속에서 아이는 인형을 극진히 돌봐 주는 좋은 엄마 역할을 한다. 사실은 엄마에게 따뜻한 보살핌을 받고 싶은 아이의 무의식적 소망이 그렇게 놀이를 통해 표현되는 것이다.

성인의 환상도 이와 비슷하다. 환상의 내용이 아이와는 달리 좀 더 잘 위장되어 있는 경우가 많을 뿐, 기본적으로 똑같이 무의식 속 소망을 담고 있을 때가 많다.

게임 속 전사 캐릭터에 열광하는 30대 30대 중반의 석훈 씨는 평소 매우 폭력적인 게임을 즐긴다. 게임 속에서 석훈 씨는 수많은 사람들을 잔인하게 죽이는 전사 캐릭터에 열광한다. 하지만 석훈 씨의 평소 성격은 조용하고 소심한 편이다. 어릴 때부터 체구가 작고 힘이 약했던 석훈 씨는 또래 친구들의 폭력에 시달릴 때가 많았다. 현실 속에서 그런 폭력에 맞설 힘이 없었던 그는 게임 속의 전사 캐릭터에 몰입해서 일종의 대리 만족을 하고 있다.

가학성 포르노 마니아 20대 **20**대 후반의 종석 씨는 포르노 영화 마니아이다. 그는 특히 가학적인 내용을 담고 있는 포르노 영화를 좋아한다. 그래서 영화에 등장하는 근육질의 남자 주인 공이 여러 여자들과 가학적인 성관계를 맺는 내용에 열광한다. 실제 현실 속에서 그는 여자들 앞에 나서기를 부끄러워하고 이 성에 대한 자신감도 별로 없다. 실제로 그는 여자 친구를 제대로 사귀어 본 적이 한 번도 없다. 종석 씨는 포르노 영화 관람이라는 성적 놀이를 통해 자신의 환상을 영화 속 주인공에게 투사하고 있다. 즉 자신의 남성성에 대한 열등감을 포르노 영화 속의 비현 실적 주인공을 통해 보상받으려는 행태를 보이고 있는 것이다.

이렇듯 성인에겐 때로 자신의 환상이 부끄럽고 숨기고 싶은 것일 수도 있어 밖으로 드러내기를 꺼린다. 하지만 예술가는 다 르다. 예술가는 종종 작품 속에 자기 무의식 속 환상을 녹여 담아 낸다. 앞서 언급했던 〈진주 귀걸이를 한 소녀〉라는 작품 속의 여 인을 한번 떠올려 보자. 어두운 배경을 뒤로하고 한 줄기 빛을 받 으며 한 여인이 서 있다. 그녀는 고개를 살짝 돌려 어깨 너머로 화면 바깥 어딘가를 바라보고 있다. 시선은 얼핏 관람객을 향하 는 것 같지만 다른 한편으론 허공을 바라보며 꿈꾸는 듯 보이기 도 한다. 얼핏 봐서는 아직 성인이라기보다 소녀에 더 가까워 보

- 진주 귀걸이를 한 소녀 (1665)
요하네스 페르메이르 작.
예술가는 종종 자기 무의식 속의 환상을
작품 속에 담아낸다.

인다. 푸른색 터번을 두르고 매우 단정한 매무새를 하고 있지만

진주 귀걸이를 한 채로 살짝 벌어진 붉은 입술은 다소 관능적인

느낌을 던져 준다.

'네덜란드의 모나리자'라고 불리는 이 그림 속 여인을 바라

보고 있자면 수많은 상상이 떠오른다. 그래서 이 그림을 소재로 한 소설이나 영화가 만들어진 것 같다. 아마도 보는 사람마다 자기만의 무의식 속 환상을 떠올리게 하는 그 힘은 바로 작품 속에 담긴 작가의 무의식적 환상 때문이 아닐까 싶다. 작가는 자기 무의식 속 환상을 그림에 담아 표현함으로써 많은 사람들의 환상을 자극해서 마음의 공명을 일으킨다. 그것이 바로 예술작품의 힘이다.

예술가와 우울증

어떤 정신질환의 경우 발병하면 자아 통제력이 약해지면서 무의식의 활동이 강화된다. 조울병이 가장 대표적이다. 조울병은 감정이 들뜨는 조증과 가라앉는 우울증이 번갈아 나타나는 질환이다. 대개 조증 상태에서는 활동이 왕성해지고 우울증 상태에서는 위축된다. 특히 조증일 땐 무의식의 활동도 부쩍 활발해진다. 빈센트 반 고흐(Vincent van Gogh), 어니스트 헤밍웨이(Ernest Hemingway), 버지니아 울프(Virginia Woolf) 등 조울병에 시달렸던 천재 예술가들이 수없이 많다. 이들은 한때 왕성한 창작 활동을 했지만 결국 극심한 우울증에 빠져 자살했다.

- 귀가 잘린 자화상(1889)
빈센트 반 고흐 작.
조울증에 시달렸던 대표적인 천재 예술가 고흐.

빈센트 반 고흐　평생 동안 조울증에 시달렸던 것으로 알려진 빈센트 반 고흐의 생일인 3월 30일은 대한 우울-조울병학회가 지정한 '조울병의 날'이기도 하다. 1853년생인 고흐는 1885년부터 1890년까지 불과 5년이라는 짧은 기간 동안 세상에 알려진 대부분의 걸작들을 그려 냈다. 특히 남프랑스에 머물던 1888

년부터 15개월 동안 200여 점이 넘는 작품을 양산해 내는 엄청난 활동량을 보였다. 1889년 생 레미(Saint Rémy)에 있는 정신병원에 입원해서 치료를 받았던 그는 1890년 결국 조울병이 악화되면서 권총 자살로 스스로 삶을 마무리했다. 고흐 역시 조증으로 감정이 고양되는 시기에는 엄청난 창작 활동을 보이다가 우울증에 빠지면 아무것도 그리지 못하는 행동 패턴을 보였다.

어니스트 헤밍웨이 그는 20세기 미국의 위대한 문학가로 알려져 있다. 1920년대에 『해는 또다시 떠오른다』와 『무기여 잘 있거라』 같은 걸작을 발표하여 일찌감치 유명 작가의 반열에 올랐다. 하지만 의사였던 아버지가 엽총 자살로 생을 마감한 이후 오랫동안 제대로 작품을 발표하지 못했다. 1940년 『누구를 위하여 종은 울리나』라는 작품을 발표하면서 그는 다시 미국은 물론 전 세계 독자들의 찬사를 받았다. 그 후 10여 년 동안 별다른 활동을 하지 않다가 1952년 『노인과 바다』를 발표하면서 또 한 번 세간의 찬사를 한 몸에 받았다. 이 작품의 인기에 힘입어 그는 1954년에 노벨 문학상까지 수상하며 작가로서 최고의 영예를 누리게 된다.

그러나 이후 다시 우울증에 시달리며 폭음을 일삼았고, 더 이상 작품을 쓸 수 없는 상태가 되었다. 1960년과 1961년에 심각한 자살 충동에 시달려서 메이요 대학병원 정신과에서 두 차례 입원치료까지 받았다. 그러다가 1961년 7월 2일 결국 61세의 나이에 엽총 자살로 파란만장한 일생을 스스로 마감했다.

이런 개인사에서 보듯이 헤밍웨이는 기분이 고양되어 있을 때는 사람들의 예측을 뛰어넘는 돌출 행동을 보이거나 매우 뛰어난 문학 작품을 발표하기도 했다. 하지만 우울한 시기에는 작품 활동을 거의 하지 못한 채 은둔하는 행동 패턴을 반복하였다.

버지니아 울프 박인환 시인의 작품인 「목마와 숙녀」 속의 등장인물로도 유명한 버지니아 울프는 1882년 영국 런던에서 태어났다. 그녀는 작가였던 아버지 레슬리 스티븐(Leslie Stephen)의 영향을 받아 일찍부터 풍부한 문학적 소양을 기를 수 있었다. 예민하고 우울한 성격이었던 그녀는 1895년 어머니가 사망한 후처음으로 조울병 증상을 보여 자살 시도를 했으며, 1904년 아버지마저 사망하면서 병세는 더욱 악화되었다.

20세기 초 영국 런던의 문화 예술계를 이끌었던 블룸스버리(Bloomsbury) 그룹의 일원으로도 유명했던 그녀는, 1915년 처녀작 『출항』을 기점으로 『등대로』 『올랜도』 『세월』 등 많은 작품을 발표하였다. 하지만 조울병의 악화로 인해 시골에서 은둔 생활을 하다가 1941년 3월 28일 우즈 강에서 투신자살을 함으로써 비극적인 삶을 마감하였다. 울프 역시 왕성한 작품 활동을 하다가도 우울증에 빠지면 아무것도 못하고 은둔 생활을 하거나 수시로 자살 시도를 하는 행태를 보였다.

어느 30대 초반의 화가 화가인 우경 씨는 30대 초반에 조울병 진단을 받았다. 우경 씨는 어릴 때 부모가 이혼했다. 부모가 심하게 다툴 때면 몹시 불안해져서 방에 틀어박혀 그림을 그리곤 했다. 그러면 마음 속 불안과 슬픔을 잊을 수 있었다. 몇 년 전부터 우경 씨는 1년 중 두세 달은 기분이 들뜨고 매우 활동적이 되었다. 그럴 땐 그림을 하루에 몇 점씩 그리기도 했다. 그러다가 다시 기분이 가라앉으면 몇 달간 아예 바깥출입을 하지 않았다. 우울해지면 그림도 그릴 수 없었고 죽고 싶다는 생각만 들었다.

우경 씨는 조울병 때문에 몇 차례 입원했지만 치료받기를 꺼려했다. 약을 먹으면 더 이상 기분이 들뜨지도 우울하지도 않았다. 하지만 그림을 그리기가 힘들었다. 약물치료로 무의식의 활동이 억제되면서 예술적 감성도 영향을 받기 때문이다. 우경 씨는 약은 최소량으로 복용하면서 상담치료를 받고 싶어 했다. 상담 과정에서 필자는 그녀에게 행복한 가족에 대한 환상이 있음을 알게 되었다. 그래서 그런 환상이 그녀 작품의 모티브가 될 때가 많았다. 사실 우경 씨는 우울해지지 않으려고 그림을 그렸다. 가족에 대한 행복한 환상을 그림에 담고 있는 동안은 우울하지 않을 수 있었기 때문이다. 자기 무의식 속 환상을 이해하면서 우경 씨는 지금껏 조울병의 재발 없이 창작 활동을 잘 이어가고 있다.

우리는 왜 예술작품에 끌리는가

우리 정신세계의 대부분은 무의식의 영역에 속한다. 의식은 마치 바다 위에 떠 있는 빙산의 일각과 같다. 바다 밑에 잠겨 안 보이는 나머지 빙산의 대부분이 바로 무의식이다. 그래서 의식 속에서만 창작 소재를 구하면 좋은 작품을 만들기 어렵다. 훌륭한 예술가란 무궁무진한 무의식의 보고 속에서 좋은 창작 소재를 찾아 작품으로 표현하는 사람이다.

뛰어난 예술작품은 문화와 인종, 시대를 초월해 수많은 사람들의 무의식에 정서적 공명을 일으킨다. 우리는 누구나 무의식을 갖고 있고 그 영향을 받는다. 명작이 강력한 호소력을 갖는 이유는 아마도 이런 무의식의 보편성 때문일 것이다. 아름다운 예술작품을 볼 때 가슴이 뛰는 건 우리 무의식이 작품 속에 숨겨진 작가의 무의식과 이미 은밀한 대화를 나누기 시작했다는 뜻이 아닐까 싶다.

11장

불안과 위기는 무의식이 먼저 알고 있다

− 불안과 공황의 심리

"나는 날마다 죽음과 함께 살았다.
나는 인간에게 치명적인 두 가지 적을 안고 태어났는데,
그것은 폐결핵과 정신병이다.
질병, 광기, 그리고 죽음은 내가 태어난 요람을
둘러싸고 있던 검은 천사들이었다."

– 뭉크

불안장애의 극단, 공황

불안이란 뚜렷한 이유 없이 나타나는 불쾌하고 모호한 두려움을 말한다. 불안을 느낄 때는 정서적 불편감뿐 아니라 다양한 신체 증상도 함께 동반된다. 두려움의 대상이 분명한 공포심과는 달리, 불안은 두려움의 대상 자체가 모호하다. 프로이트는 불안을 우리 자아가 무의식적으로 지각하는 일종의 위기 신호라고 했다. 즉 우리 내면에서 다양한 무의식적 갈등이 일어날 때 자아가 이것을 불안으로 지각한다는 것이다.

고통스러운 상실 뒤에 찾아온 공황장애 25세 된 회사원 수진 씨는 최근 한 달 사이 급성 불안증 때문에 병원 응급실만 다섯 차례 방문하였다. 수진 씨는 한 달 전 갑작스레 아버지가 심장마비로 돌아가시는 황망한 일을 겪었다. 장례 마지막 날, 수진 씨는 갑자기 가슴이 조여들고 숨이 막히면서 어지러워서 금방 쓰러질 것 같은 증상이 나타났다. 이러다가 자기도 아버지처럼 심장마비로 죽는 게 아닌가 하는 공포심이 몰려들었다. 수진 씨는 몸을

간신히 추스려 근처 병원 응급실을 찾았다. 하지만 응급실에서
시행한 검사에서는 아무런 이상도 없었고 검사 결과를 기다리던
도중에 불안 증상도 저절로 가라앉았다.

2주 뒤 회사에서 야근을 마치고 지하철을 탄 수진 씨에게 지
난번에 겪었던 것과 비슷한 불안 증상이 다시 나타났다. 바로 가
까운 병원 응급실을 찾았지만 이번에도 몸에는 아무런 이상이 없
다는 소리만 들었다. 병원에서 안정제 주사를 맞고 나니 불안 증
상도 금방 가라앉았다. 그 후에도 며칠 간격으로 이와 비슷한 일
이 여러 차례 반복되었다. 그때마다 금방 숨이 넘어갈 것만 같아
병원을 찾았지만 언제나 결과는 마찬가지였다. 수진 씨는 대학병
원 심장내과를 찾아 종합 검사까지 받았지만 별다른 이상이 없으
니 정신건강의학과를 가보라는 권유를 받았다. 처음엔 떨떠름한
기분이었지만 정신건강의학과를 찾아갔고 거기서 공황장애(panic
disorder)라는 진단을 받았다.

공황장애란 반복적으로 극심한 불안 증상과 여러 가지 신체
증상들이 동반해서 나타나는 불안장애의 일종이다. 불안과 더불
어 흔히 나타나는 신체 증상으로는 심장이 빨리 뜀, 온몸에 땀이
남, 몸이 떨림, 숨 가쁨, 질식감, 가슴의 통증, 속이 메스껍거나
배가 불편함, 어지럼증, 비현실감이나 이인증(離人症), 미칠 것 같
은 느낌, 죽을 것 같은 느낌, 손발이 저리거나 마비가 되는 느낌,

몸이 춥거나 화끈거림 같은 것들이 있다.

공황(panic)은 공포(phobia)와 비슷하지만 좀 더 극심한 불안 상태를 의미한다. 공황의 어원은 그리스 신화 속에 등장하는 판(Pan) 신에서 비롯된 것으로 알려져 있다. 판 신은 반인반수의 목신이었는데, 성격이 무척 포악했다. 그래서 대낮에 누가 자기 낮잠을 방해하면 크게 노하여 인간과 가축에게 극심한 공포를 불어넣었다고 한 데서 공황(패닉)이란 단어가 만들어졌다고 한다.

공황장애에서 나타나는 불안 증상은 아무런 이유도 없이 저절로 일어나기도 하지만, 감정적 충격을 받거나 과로를 한 뒤에 일어나는 경우가 많다. 알코올이나 카페인 음료, 담배나 여러 가지 마약성 물질을 복용한 뒤에 증상이 시작되는 경우도 흔하다. 일단 증상이 발생하면 대개 10분 이내에 절정에 도달하고, 금방 죽을 것 같거나 미쳐 버릴 것 같은 공포감이 엄습한다. 증상은 대개 가만히 내버려두면 별다른 합병증 없이 저절로 가라앉는다. 하지만 신경안정제와 같은 약물을 복용하면 더욱 빨리 진정된다. 일단 증상이 심해지면 불안 증상이 다시 생길까 봐 미리 걱정하는 예기 불안(豫期不安)이 나타날 수도 있다.

전 인구의 3%, 공황장애를 경험한다

역사적으로 문헌상에 나타난 공황장애 증상에 대한 기술은 이미 오래전부터 있어 왔다. 19세기 미국 남북전쟁 중에 병사들에게 자주 나타났다는 '과민성 심장증후군'이나, 프로이트가 기술했던 '급성 불안 노이로제'가 그 좋은 예라 하겠다. 하지만 이 병의 진단 기준이 제대로 체계화되고 의학계에 널리 알려진 것은 1980년 이후로 불과 30여 년밖에 되지 않았다.

30년 전만 해도 공황장애는 비교적 희귀한 질환이라 생각되었다. 하지만 최근 한 외국 통계에 따르자면 평생 한 번이라도 이 병을 앓는 사람이 전 인구의 약 3%에 이른다고 한다. 왜 이 병의 발생 빈도가 최근 들어 급격히 증가하는지는 아직 확실치 않다. 아마도 현대 사회가 점점 더 복잡해지면서 스트레스가 증가하기 때문이 아닐까 추정할 뿐이다. 또한 중추신경계를 자극하는 각종 마약성 물질이나 환경오염 물질이 범람하는 것도 그 원인일 거라 생각된다. 공황장애는 적절한 치료를 받지 못하면 대개 사회생활에 심각한 지장이 생기며, 우울증이나 약물 남용을 후유증으로 동반하는 경우도 흔하다.

공황장애는 예술가나 연예인들에게 흔히 발병하는 질병으로 잘 알려져 있다. 이 장애를 앓고 있다고 알려진 외국의 유명

인사들은 상당히 많다. 얼마 전에 사망한 록 가수 데이비드 보위(David Bowie), 영화배우인 조니 뎁(Johnny Depp), 스칼렛 요한슨(Scarlett Johansson), 토크쇼 사회자로 유명한 오프라 윈프리(Oprah Winfrey), 화가인 에드바르트 뭉크(Edvard Munch), 소설가인 존 스타인벡(John Steinbeck) 등 수도 없다. 국내에도 가수 김장훈, 전진, 코미디언 이경규, 김구라, 정형돈, 배우 이병헌, 차태현, 김하늘 등 공황장애가 있다고 알려진 연예인이나 예술인 들이 꽤 많다. 최근 유명인들이 스스로 자신의 공황장애를 밝힘으로써 공황장애에 대한 일반인들의 관심은 상당히 높아졌다.

정신분석가들은 불안을 일으키는 무의식적인 충동에 대해 심리적 방어기제가 부적절하게 작동할 때 공황이 발생한다고 생각한다. 즉 받아들이기 힘든 생각이나 소망, 충동 들을 무의식속에 간신히 억압시켜 두었는데, 이를 통제하던 심리적 방어기제가 무너지면서 그것이 의식 위로 터져 나오는 게 공황이라는 것이다.

일부 학자들은 어릴 때 부모를 상실하거나 부모와 이별하는 고통스러운 경험이 어른이 되어 공황장애가 발생하는 데 큰 역할을 한다고 주장하기도 한다. 앞서 언급한 수진 씨의 사례처럼 실제로 많은 환자들이 공황 증상이 처음 시작되기 전에 가까운 가족을 잃는, 고통스러운 상실을 경험한다.

무의식 속 불안이 불러온 공황장애 현수 씨는 32세 된 유치원 선생님이다. 현수 씨는 2년 전 공황장애 진단을 처음 받았다. 병원에서 약물치료를 받을 것을 권유했지만 현수 씨는 정신과 약을 먹는 게 싫어서 병원을 열심히 다니지 않았다. 그런데 점차 공황이 심해지면서 일상생활에도 많은 지장이 있게 되자 필자를 찾아오게 되었다. 필자는 현수 씨에게 약물치료와 상담을 병행하면서 점차 치료 약물 용량을 줄여 볼 것을 권유했다.

현수 씨는 1남 4녀 중 넷째 딸이었다. 남동생이 태어난 이후로 현수 씨는 엄마와 떨어지는 것을 아주 힘들어했다. 그래서 초등학교 2학년 때까지도 엄마가 학교에 직접 데려다줘야만 간신히 학교에 갈 수 있었다. 당시 소아정신과에 가서 상담도 받았는데 분리불안이 있는 것 같다는 얘기를 들었다.

현수 씨에게는 3년 넘게 사귄 남자 친구가 있었는데 평소 그에게 많이 의지하는 편이었다. 그런데 그 남자 친구가 해외로 장기 출장을 떠나게 되어 배웅하러 공항에 나가던 날 공황 증상이 처음 시작되었다. 그날 이후로 현수 씨는 하루라도 남자 친구와 연락이 잘 안 되면 몹시 불안해했다. 필자는 과거에 엄마에게 느꼈던 분리불안이 남자 친구와의 이별을 통해 현수 씨의 무의식 속에서 되살아난 것이라 생각했다. 다음은 필자가 현수 씨와 주고받은 상담 내용 중 일부를 발췌한 것이다.

현수: 오늘 새벽에 자고 있는데 출장 간 남자 친구에게서 전화가 왔다며 엄마가 깨워 전화를 받았어요. 그전에도 한 번 전화는 왔었지만 그래도 계속 보고 싶다는 생각이 많이 들었어요. 그런데 남자 친구와 전화를 끊고 나니 이번에는 엄마가 여기저기 아프다는 얘기를 하는 거예요. 그 말을 듣고 좀 화도 났고 걱정도 되었어요. 우리 엄마는 원래 그렇게 아프다는 얘기를 많이 해서 자식들의 관심을 받으려는 분이에요. 난 그런 엄마의 모습이 너무 싫어요. 그런데 주위 사람들 말로는 내가 엄마를 많이 닮았다고 해요. 그런 소리를 듣고 생각해 보니 정말 그런 것도 같았어요. 그런데 엄마가 아프다는 얘기를 듣고 나서부터 더 이상 잠도 안 오고 마음이 불안해지면서 가슴이 답답했어요. 왜 그런지는 나도 잘 모르겠네요.

필자: 남자 친구에게서 전화를 받고 난 뒤에 엄마에 대해 화도 나고 걱정도 되는 상반되는 감정이 들었군요. 그러고 나서 결국 별다른 이유 없이 불안해졌고요. 이런 상반되는 감정은 아마도 현수 씨가 어릴 적 학교에 가느라 엄마와 억지로 떨어질 때마다 느꼈을 법한 감정과 비슷해 보이네요.

현수: (아무 말도 없이 조용히 앉아 있다가 갑자기 주르륵 눈물을 흘림)

……왜 내가 이렇게 바보같이 행동하는지 모르겠어요. 나는 그런 생각을 해 본 적이 없는데, 주위에서는 내가 늘 가까운 사람들로부터 주목과 관심을 받고 싶어 한다고들 해요.

현수 씨가 다섯 살 무렵 막내 남동생이 태어났다. 막내딸로 귀여움을 독차지했던 현수 씨는 갑자기 엄마의 관심으로부터 멀어져 버림받은 듯한 느낌을 받았다. 갓 태어난 남동생을 돌봐야 하는 엄마로서는 어쩔 수 없는 선택이었지만 다섯 살짜리 어린 아이가 이런 상황을 이해하기는 어려웠다. 그때부터 현수 씨는 엄마와 떨어지는 것을 너무 무서워했다. 유치원을 다니면서부터 현수 씨는 유치원에 가지 않으려고 떼를 많이 썼다. 유치원에 가서도 하루 종일 울면서 지낼 때가 많았다. 엄마가 데리러 오기만을 기다리면서 문만 바라보며 지내곤 했다. 초등학교 2학년 때까지 현수 씨는 엄마와 떨어지는 것을 너무 두려워했다.

억지로 엄마와 떨어져야만 했던 그 시절에 대한 불안과 공포는 의식에서는 전부 잊혔지만 현수 씨의 무의식 속에는 그대로 살아 있었다. 그러다가 감정적으로 많이 의지하던 남자 친구와 잠깐 헤어져야 하는 상황이 되자 무의식 속에 감춰져 있던 이별에 대한 불안감이 갑자기 되살아났던 것이다. 즉 남자 친구와의 이별이 모티프가 되어 어릴 때 엄마와의 이별과 관련된 극심한 불안이 갑자기 되살아난 것이 바로 공황이었던 셈이다.

12장

살다 보면 끔찍하게 외롭다는
생각이 들 때가 있다

- 우울과 슬픔의 심리

"생과 사의 경계선에서 아슬아슬하게 줄타기를 하면서
차라리 지금 죽는 게 나을지도 모른다는 생각이 들었소.
모든 것이 결국 그렇게 되지 않던가.
게다가 죽는다고 생각해도 조금도 겁이 나지 않더군요.
오히려 다시 삶으로 돌아가야 한다고 생각하니
성가신 기분이 들었죠."

– 구스타프 말러

우울증이 생기는 이유

우울증이 우리 사회의 심각한 문제가 된 지 이미 오래다. 신문이나 방송에도 우울증 관련 기사가 하루가 멀다 하고 등장한다. 사실 누구나 살다 보면 인생의 어느 한 순간 우울하다고 느낄 수 있다. 하지만 우울하다고 해서 모두 우울증은 아니다. 정신의학자들은 심각한 우울감과 더불어 의욕 저하나 즐거움을 못 느끼는 상태가 2주 이상 지속될 경우에만 우울증으로 진단한다. 그런데 우울증은 왜 생기는 것일까?

생물학적 관점에서 우울증은 뇌에서 세로토닌, 노르아드레날린과 같은 신경 호르몬의 기능이 제대로 작동하지 않아서 발생하는 것으로 생각된다. 하지만 이런 신경생물학적 변화가 왜 일어나는지 그 정확한 이유는 아직 밝혀지지 않았다. 다만 우울증이 시작될 때 증상을 일으키는 방아쇠 역할을 하는 스트레스 사건이 발병 배경에 있는 경우가 대부분이다. 물론 스트레스 사건을 겪는다고 모든 사람에게 우울증이 발생하는 것은 아니다. 따라서 스트레스 사건뿐 아니라 각 개인이 처한 체질적, 심리적, 환경적 조건이 모두 우울증 발병에 큰 영향을 미친다고 생각된다.

정신분석학자들은 리비도가 많이 투입된 대상을 잃어버릴 때 우울증이 발생한다고 본다. 앞서 설명했듯, 리비도란 공격성과 더불어 인간이 가진 양대 본능 중 하나로, 무의식적 삶의 에너지(또는 성적 에너지)를 뜻한다. 다시 말해 우리가 애착을 갖고 좋아하거나 간절히 원하는 것을 상실할 때 우울증이 발생한다는 것이다. 그래서 사랑하는 사람을 잃거나, 돈, 사회적 지위, 명성을 잃게 되었을 때 우리는 우울해진다. 또한 인생의 중요한 목표나 자존감을 상실할 때도 우울해질 수 있다.

우울증 환자들은 극단적인 좌절감과 공허감의 늪에 빠져 힘겨워한다. 이들은 비참하고 외롭지만 주변 사람들 중 아무도 자신에게 도움이 되지 않을 거란 생각이 확고하다. 이들의 머릿속엔 자기 자신과, 자신을 둘러싼 세상, 자신의 앞날에 대해 부정적인 생각만이 가득하다. 그래서 아무리 애를 써 봐도 결국 자신의 삶이 비극으로 끝나게 될 거라고 예감한다.

공허함을 받아들이지 못했던 어느 회사원 다음은 오랫동안 극심한 우울증에 시달리던 환자가 의사를 찾아와 자신의 비참한 심정을 설명한 내용이다.

"나는 이전에 무슨 일이든 그토록 비참한 좌절감 속에 빠져 본 적이 없어요. 내가 하는 모든 일이 절망으로 가득 차 있어요. 난 다른 사람들에게 아무런 관심도 가질 수 없어요. 단지 내 문제를 생각하기만도 벅찰 뿐이에요……. 선생님도 친구들이 많이 있겠지만 가끔 진짜 좋아하는 사람은 아무도 없다는 느낌이 들 때가 있지 않나요? 그럴 때는 아마도 끔찍하게 외롭다는 생각이 들겠죠. 또 침울한 기분도 들 거고요. 그리고 웃을 만한 일은 물론이고 재미있는 일도 전혀 없겠죠…….

나에겐 마치 모호하고 공허한 느낌만 팽배해서 아무것도 남은 게 없는 것 같아요……. 난 텅 비어 있는 것 같아요. 스스로를 벌 줘야 할 만큼 그렇게 나쁜 짓을 하진 않았다고 말할 수 있으려고 애를 써요. 그렇지만 설사 그렇다 해도 다시 생각의 활력을 되찾긴 힘들 것 같아요. 그렇다면 선생님이 걱정하시는 것처럼 정말 언젠가는 내가 자살로써 삶을 끝내게 될지도 모른다는 생각을 하게 돼요……."

회사원인 진수 씨는 슬하에 두 아들을 둔 38세의 기혼남이다. 그는 과거 수년간 지속되어 온 우울감과 불안감, 그리고 자신이 인생의 낙오자란 느낌 때문에 상담을 받으러 내원하였다. 외아들인 진수 씨는 상담 초기에 부모님에 대한 애정과 존경을 별

거리낌 없이 표현하였다. 하지만 상담이 진행되면서 점차 처음 과는 다른 얘기들을 털어놓았다.

진수 씨 아버지는 집에서 가족들에게 수시로 언어폭력(가끔 은 신체적인 폭력까지)을 가하곤 했다. 매우 보수적이고 권위적이 던 아버지는 가족 내의 유일한 권력자였다. 그래서 어린 진수 씨 가 조금만 실수하거나 잘못을 하면 가혹할 정도로 꾸짖곤 했다. 어머니는 조용하고 부드러운 성격이었지만, 아버지에 비해 너무 약하고 무력했다. 진수 씨는 아버지보다 어머니가 더 좋았지만 솔직하게 감정 표현을 하기는 어려웠다. 왜냐하면 그럴 경우 혹 시라도 아버지가 보일지도 모르는 성난 반응에 대한 두려움 때 문이었다.

상담이 진행되면서 진수 씨는 치료자인 필자에게 강한 애착 을 보였다. 그래서 치료자를 기쁘게 함으로써 인정을 받고자 노 력했다. 하지만 다른 한편으로 진수 씨는 상담 중에 스스로를 돌 아보는 성찰 작업을 제대로 못해서 치료자를 실망시킬까 봐 두 려워했다. 진수 씨의 마음속에는 어린 시절 자신을 끊임없이 질 책하던 아버지의 목소리가 늘 공존하고 있었다. 그래서 자신의 작은 실수에 대해서도 매우 가혹했고 끊임없이 스스로를 채찍질 하곤 했다.

사실 진수 씨는 마음속의 공허감을 그런 질책으로 메우고 있었다. 상담이 진행되면서 진수 씨는 자기 마음속에 그런 아버지의 목소리가 공존하고 있음을 처음으로 알게 되었다. 하지만 그의 마음속에서 아버지 목소리를 지워 버리는 일은 결코 쉽지 않았다. 왜냐하면 마음속에 아예 아무것도 없는 것보단 아버지의 질책이라도 품고 있는 게 조금이라도 더 위로가 되었기 때문이다. 진수 씨는 마음속의 아버지 목소리를 지워 버리면 공허감도 같이 커지는 것 같아서 힘들었다. 필자는 진수 씨에게 아버지와의 이런 신경증적인 관계 패턴에 대해 반복적으로 지적해 주었다. 그러면서 진수 씨는 공허감을 스스로의 존재 의미를 부정하는 것과 동일시하고 있었음을 깨닫게 되었다.

상담은 진수 씨에게 진정한 변화를 유발하는 시발점이 되었다. 프로이트는 정신분석이 신경증적인 비참한 상태를 보통 사람들이 겪는 평범한 불행으로 바꾸는 과정이라 했다. 진수 씨는 아버지와의 신경증적인 병적 관계를 포기하면서 자기 마음속의 아버지 목소리를 점차 지워 나갈 수 있었다. 그러는 가운데 일면 자신감도 생겼지만 다른 한편으론 불안과 우울감이 뒤따르기도 했다.

상담 시간 중에 가끔 진수 씨는 많이 힘들어하고 어린애처럼 퇴행하는 모습을 보였다. 그럴 때마다 치료자는 진수 씨를 적극 지지해 주기도 하고, 자기 탐색을 계속해 나갈 수 있도록 독려했다. 결국 자기 내면의 긍정적, 부정적 감정 모두가 전부 자기 것임을 깨닫게 되면서 진수 씨의 오랜 우울감도 점차 극복될 수 있었다.

마음이 아닌 몸이 아픈 가면성 우울증

한편 우울증의 다양한 이형(異形) 중 가면성 우울증이란 것도 있다. 우울한 감정은 눈에 잘 안 띄지만 대신 의학적으로 잘 설명 되지 않는 각종 신체 증상과 평소와 다른 이상 행동을 보이는 경 우이다. 마음이 아니라 몸이 아파서 의사를 찾는 환자 10명 가운 데 1명이 여기에 해당된다니 꽤 흔한 편이다.

가면성 우울증을 겪은 30대 가정주부 정선 씨는 30대 후반 의 가정주부이다. 그녀는 6개월 전 아침에 별 말 없이 회사로 출 근했던 남편이 목을 매어 자살했다는 소식을 전해 들었다. 이후 로 그녀에겐 갑자기 심한 피로감과 두통, 과다 수면과 무기력감 이 발생했다. 그녀는 주변에서 일어나는 일에 아무런 관심도 없 고 감정이 완전히 메말라 버린 것만 같았다. 정선 씨는 가면성 우 울증을 앓고 있었다.

결혼 10년차인 그녀의 결혼 생활 전반부는 행복했다. 4년 전 둘째 아이가 태어나면서부터 모든 것이 점차 달라졌다. 남편은 점점 더 술을 많이 마시고 자주 귀가가 늦어졌다. 참다못한 정선 씨는 2년 전 알코올 중독 상담을 받아보면 어떻겠냐고 남편에게 조심스레 권유했다. 하지만 남편은 그 제안을 일소에 부쳤다. 그러자 그녀는 심하게 화를 냈고 남편이 가족들 생각을 전혀 하지 않고 무책임하다며 비난했다. 남편은 그길로 집을 나가 이틀 뒤에야 돌아왔다. 남편의 가출이 너무 충격적이었던 그녀는 이후로 아무 말도 못한 채 불안한 결혼 생활을 이어가야만 했다.

장례식을 치르는 동안 정선 씨는 무감각했고 눈물 한 방울 나지 않았다. 남편이 죽었다는 게 전혀 실감나지 않았다. 상담을 받으면서 그녀는 남편에 대한 엄청난 분노가 자기 마음속에 숨겨져 있음을 조금씩 자각하게 되었다. 가끔은 너무 화가 나서 남편을 죽이는 상상을 한 적도 있었다고 필자에게 고백했다. 남편의 자살 소식을 처음 들었을 때 제일 먼저 떠오른 생각도 '맙소사! 그 사람이 죽었다고? 정말로 내 기도가 이루어진 건가?'라는 것이었다. 남편에 대한 무의식적 분노와 죄책감이 우울을 가려주는 일종의 가면 역할을 했던 것이다.

분노와 죄책감이 점차 밖으로 표현되면서 정선 씨는 그동안 자기가 남편에게 얼마나 의존적이었는지도 깨달았다. 그러자 비로소 본격적인 슬픔이 밀려왔다. 어느 날 그녀는 남편과의 좋은 시절을 회상하며 상담 시간 내내 울기도 했다. 이렇게 몇 달에 걸친 애도 과정을 거치면서 슬픔은 가벼워지고 삶에 대한 새로운 관심이 생겨났다. 치료는 마치 정지된 흑백 스틸 사진을 움직이는 컬러 영화로 바꿔주는 작업 같았다. 상담을 통해 그녀는 가면을 벗어던지고 정상적 애도 과정을 거쳐 깊은 슬픔에서 벗어날 수 있었다.

19세기 영국의 전원시인인 존 클레어(John Clare)는 자신이 겪은 심각한 우울증 증상을 이렇게 압축해서 표현한 바 있다.

"아침이 없는 밤. 끝이 없는 괴로움. 지독하게 수치스러운 인생. 친구 하나 없는 세상."

누구나 우울할 땐 그 고통스러운 감정을 적절히 밖으로 배출할 필요가 있다. 상실의 고통을 피하려 감정을 억제하다 보면 다른 데서 탈이 나게 마련이다. 우울과 직면하는 것은 힘든 일이지만 그것을 외면하다 보면 결국엔 더 큰 대가를 치러야 하는 법이다.

13장

어떻게 하면 심리적 허기를 채울 수 있을까

- 폭식의 심리

"우리는 몸에 대한 생각을 바꿔야한다.
몸을 당연한 것이자 즐거운 것으로 여길 수 있어야 한다."

– 수지 오바크

신경성 폭식증은 정신과 질환이다

아름다운 몸매를 갖고 싶은 여성의 마음은 동서양을 막론하고 똑같다. 과거 우리나라에서는 날씬한 것보다 통통한 체형을 지닌 여성들이 미인으로 대접받았다. 하지만 해방 이후 서구 문화가 급속히 전파되면서 미인에 대한 기준도 많이 변했다. 이제는 미인의 필수 조건으로 날씬한 체형이 강조되는 세상이 되고 말았다. 유명 패션지의 표지를 장식하는 팔등신의 늘씬한 모델들은 여성들의 날씬해지고 싶은 욕구를 더욱 자극한다. 이러다 보니 젊은 여성들 사이에서 다이어트가 가장 관심 있는 화두로 떠오른 지 이미 오래이다.

이렇게 다이어트 문화가 보편화되면서 특히 젊은 여성들에게서 음식 섭취와 관련하여 심각한 문제가 발생하는 경우를 종종 보게 된다. 사실 먹고 싶은 욕구는 생리적인 허기감에 의해 전적으로 좌우되는 것은 아니다. 오히려 감정 상태나 정신적 스트레스에 의해 더 많이 영향을 받는다. 여자 대학생들 중 스트레스를 받으면 일시적으로 폭식과 구토 행동을 보이는 경우가 무려 40%에 이른다는 보고도 있다. 이렇게 간헐적으로 음식을 한 꺼번에 폭식하는 행동이 습관화된 경우를 신경성 폭식증이라 한다. 신경성 폭식증은 정신과 질환인 섭식장애의 한 부류로 간주된다.

폭식증은 과거에 고 다이애나(Diana Frances Spencer) 영국 황태자비가 이 문제 때문에 전문적인 치료를 받았다는 사실이 알려지면서 큰 관심을 모았던 적이 있다. 정신분석가로서 그녀를 치료했던 수지 오바크(Susie Orbach)는 대중 매체가 사람들에게 바비 인형 같은 몸을 마치 이상적인 몸인 양 왜곡 전달해서 다이어트에 대한 집착을 조장한다고 주장한 바 있다. 그 결과 사람들은 절식과 폭식을 반복하게 되어 자신의 건강을 해치게 된다. 최근에 국내에서도 미스코리아 출신인 한 유명 헬스 트레이너가 한때 자신도 폭식증 때문에 힘들었다고 공개 고백하여 화제가 된 적이 있다.

최근 '짐승남' '꿀벅지'에 열광하는 청소년들이 자신의 몸에 불만을 갖고 정체성 혼란까지 느끼는 경우가 많아지고 있는데 이것도 왜곡된 신체 이미지의 허상이 만들어 낸 정신적 질병이라 할 수 있다. 실제로 다이어트를 하는 여성 중에는 완벽해 보이는 모델의 사진을 붙여 놓고 그런 몸을 만들기 위해 노력하는 경우가 많다. 그러나 실상은 사진 속 모델조차 그 모습이 아닐 때가

- 고 다이애나 황태자비.
왕실 생활과 찰스 황태자와의 불화에서 오는
스트레스로 폭식증과 거식증에 시달렸으며,
여러 차례 자살을 시도하기도 했다.

많다. 화장법과 사진 기술, 그리고 포토샵의 힘을 빌려 그런 척
'변신'을 했을 뿐이다. 하지만 사람들은 그런 사실을 어느 정도
인지하면서도 제대로 깨닫지 못한다. 현대 대중 매체가 낳은 'S
라인'과 '식스팩'의 이미지에서 자유롭지 못하고 이 같은 몸을 가
져야 한다는 강박증에 갇혀 사는 사람들이 의외로 많은 것이다.

폭식증 환자들은 음식을 먹을 때 매우 빠른 속도로 한꺼번에 많은 양을 먹는다. 이들은 주로 혼자 있을 때 남들 몰래 폭식한다. 때론 음식 맛에는 별로 개의치 않거나 음식을 씹지도 않은 채로 허겁지겁 삼켜 버리기도 한다. 그러고 나면 대개는 곧바로 후회한다. 그래서 그렇게 게걸스럽게 먹은 음식을 억지로 토해 내려 할 때도 있다. 체중을 줄이려 변비약이나 이뇨제를 사용하거나, 지나치게 운동을 많이 하기도 한다.

폭식 후 반복되는 구토나 이뇨제 남용 때문에 체내 전해질 불균형이 생길 수 있다. 드물지만 잦은 구토 때문에 식도나 위가 찢어지는 경우도 있다. 또한 우울증이 동반되는 경우도 흔하다. 이 병을 가진 환자들은 증상의 굴곡이 있긴 하지만 잘 낫지 않고 대부분 만성화된다. 같은 섭식장애 중의 하나인 거식증보다는 예후가 좋다곤 하나, 폭식증 역시 잘 낫지 않는 난치병으로 알려져 있다.

폭식증, 무의식적 양가감정의 슬픈 운명

20세 된 지원 씨는 국내 명문 대학에 재학 중인 학생이다. 지원 씨는 5년 전부터 반복적으로 음식을 폭식하고 다시 토해 내는 행동을 보여 병원을 찾았다. 지원 씨의 이런 행동은 중학교 3학년 때부터 시작되었다. 처음엔 시험을 앞두고 스트레스를 받을 때마다 음식을 평소보다 두세 배씩 많이 먹는 행동으로 시작됐다. 그렇게 과식이 잦아지자 자꾸 체중이 늘었다. 그러자 이번에는 체중을 줄이려는 시도로 음식을 먹고 나면 꼭 토하는 행동을 반복하게 되었다.

　지원 씨는 어릴 때부터 약간 통통한 체격을 가진 아이였다. 하지만 어머니와 언니 모두가 날씬한 체형이어서 어머니는 지원 씨도 날씬해지기를 바랐다. 그래서 중학교 들어가면서부터 지원 씨도 바짝 체중에 신경을 쓰기 시작했다. 하지만 체중 관리는 생각만큼 쉽지 않았다. 유난히 빵과 탄수화물류 음식을 좋아했던 지원 씨는 오히려 체중이 점점 더 불어났다. 그래서 중학교 2학년 무렵에는 뚱뚱하다는 얘기까지 들었다. 중학교 3학년에 올라가면서 지원 씨는 급격한 다이어트를 통해 체중을 한꺼번에 8킬로그램 가까이 줄였다. 하지만 굶으면서 살을 빼는 것은 그리 오래가지 못했다. 얼마 못 가서 지원 씨에게 폭식증이 발생했던 것이다.

　고등학교 시절 내내 폭식증은 일주일에 1~2회 정도 반복되었다. 그래도 가족들은 입시에 대한 스트레스 때문이라 생각해서 별로 심각하게 여기지 않았다. 하지만 지원 씨가 대학에 진학한 후에도 폭식증은 변화가 없었고 오히려 더 잦아졌다. 가족들이 억지로 음식을 못 먹게 막아도 보았지만 아무 소용이 없었다. 대학에 입학할 무렵 160cm의 키에 52~53kg 정도를 유지하던 지원 씨는 폭식과 구토를 반복하면서 체중이 42kg까지 줄어들었다. 병원을 찾을 무렵엔 거의 매일 심각한 폭식과 구토가 반복되고 있었다.

첫 면담 시 지원 씨는 퀭한 얼굴에 가냘픈 모습이었다. 급격한 체중 감소, 반복되는 폭식과 구토 때문에 학교에 다니기도 힘들어했다. 하지만 지원 씨는 자신이 보통 체형이지 남들에 비해 특별히 말랐다고는 생각하지 않았다. 지원 씨는 좋아하는 음식만 보면 먹고 싶은 욕구를 도저히 참을 수가 없었다. 하지만 폭식을 하고 나면 바로 속이 불편해져서 음식을 토해야만 편해졌다. 지원 씨는 이런 행동을 매우 수치스럽게 생각해서 남들이 알까 봐 전전긍긍했다. 폭식증 때문에 만성적인 우울감과 불안감도 느끼고 있었다. 폭식과 구토 후에는 바로 후회하지만 다시 같은 행동을 반복하면서 스스로를 한심스레 여겼다.

폭식증 환자들은 먹는 도중엔 식욕을 도저히 통제할 수가 없다. 그래서 일단 폭식을 하고 난 후에야 체중을 줄이려는 행동을 강박적으로 반복한다. 주로 여성에게 발병하며 전체 젊은 여성의 1~3%에서 발견된다. 대부분 청소년기에 증상이 처음 시작된다.

　이들은 대개 스스로 뚱뚱하다는 생각에 날씬해져야 한다는 강박관념을 갖고 있다. 그래서 다이어트에 매우 신경을 쓴다. 폭식증 환자들은 반복적인 폭식 증상에도 불구하고 대부분 정상 체중을 유지한다. 때론 지나치게 마르거나 약간 비만인 경우도 있다. 일부 환자들은 음식을 너무 안 먹어 체중이 비정상적으로 감소되는 거식 증상이 폭식 증상과 교대로 나타나기도 한다. 이들은 대개 매우 성취지향적이며, 참을성이 부족해서 화를 잘 낸다. 또한 충동 조절력이 약해서 주위 사람들과 소소한 갈등을 빚기 쉽다.

　폭식증 환자들에게는 어릴 때 어머니의 심리적 부재 경험이 흔하다고 한다. 즉 어머니가 아예 옆에 없거나, 아니면 있더라도 심리적인 지지를 받기 어려운 환경이었을 수 있다. 그러다 보니 어머니를 절실히 원하면서도 동시에 미워하는 양가감정을 느낄 때가 많다. 그래서 폭식의 심리 기저에는 음식을 먹는 것을 엄마와 하나가 되는 것과 무의식적으로 동일시하는 마음이 있다. 즉 엄마의 부재로 인해 마음속이 텅 비어 있는 듯한 심리적 허기를 느끼는 순간 폭식의 불길이 솟아오르는 것이다. 이들이 폭식 행동을 포기하기 힘든 이유는 무의식적으로 엄마에게 버려지거나 엄마와 분리되는 것을 두려워하기 때문이다.

하지만 이들에게 엄마와 떨어지는 것을 두려워하는 마음만 있는 건 아니다. 그 이유가 무엇이든 자신에게 충분한 관심과 사랑을 주지 않는 미운 엄마를 밖으로 밀어내버리고 싶은 마음도 같이 공존하는 것이다. 따라서 폭식증 환자들이 음식을 토해내는 것은 엄마를 밀어내서 따로 분리되고 싶은 무의식적 욕구와 관련이 있다. 이런 양가감정이 공존하기 때문에 이들은 폭식과 구토를 반복할 수밖에 없다.

앞서 사례로 든 지원 씨의 경우도 그랬다. 지원 씨는 1남 2녀 중 둘째 딸이었다. 어머니는 지원 씨가 초등학교 들어가기 전부터 오랫동안 우울증을 앓았다. 지원 씨가 어릴 때 학교에 갔다가 집에 돌아오면 어머니는 혼자 방에 누워 있을 때가 많았다. 어머니가 자주 아파서 지원 씨는 뭐든 혼자서 처리해야만 했다. 어머니는 언니와 남동생에게는 신경을 많이 썼지만 지원 씨에게는 그럴 필요가 없었다. 그녀는 매사 알아서 자기 할 일을 스스로 잘하는 착한 딸이었기 때문이다. 지원 씨는 공부도 잘했지만 어려서부터 어머니의 집안일을 거들 때가 많았다.

그런데 지원 씨도 어머니에 대해 상반되는 양가감정이 있었다. 그녀는 어릴 때 자신에게 무심한 어머니가 미웠지만, 아픈 어머니를 잘 돌봐 드려야 한다는 마음이 컸다. 그 무렵에는 어머니가 건강이 나빠져서 죽는 상상을 할 때도 가끔 있었다. 하지만 만약 정말로 그런 일이 일어난다면 얼마나 끔찍할까? 그래서 지원 씨는 엄마가 아프지 않도록 더 열심히 도와 드리고 착한 딸이 되고자 애썼다.

폭식증 환자들은 무의식적으로 좋은 대상과 나쁜 대상을 따로 분리시켜 받아들이는 경향이 있다. 그래서 그들의 마음속에 나쁜 대상은 설 자리가 없다. 이들은 무의식적으로 자기 마음속의 공격성 역시 따로 분리시켜 다른 사람에게 투사해 버리곤 한다. 그래서 화가 나도 그것을 내 마음이 아닌, 다른 사람의 마음으로 인식한다. 때론 다른 사람들에게 그렇게 화가 나는 감정 자체를 부정해 버리기도 한다. 그 결과 이들의 무의식 속에는 전적으로 좋은 사람과 전적으로 나쁜 사람만 존재하게 된다.

이렇게 좋은 것과 나쁜 것을 극단적으로 분리시켜 생각하는 경향은 음식에서도 마찬가지이다. 예를 들어 많은 폭식증 환자들이 거의 자동적으로 단백질은 좋은 음식이고 탄수화물은 나쁜 음식으로 치부한다. 그래서 나쁜 음식인 탄수화물을 다량 섭취하면 반드시 도로 뱉어 내야만 마음이 편해진다. 나쁜 음식을 자기 몸속에 그대로 남겨 두는 것을 도저히 참을 수가 없기 때문이다. 그렇게 탄수화물을 폭식한 후 도로 토해 내면 나쁜 자기가 다시 좋은 자기로 바뀌는 것처럼 안심이 된다.

하지만 이런 안심 역시 그리 오래가진 못한다. 왜냐하면 마음속의 무의식적 양가감정이 끊임없이 자극되기 때문이다. 그 결과 음식을 충동적으로 폭식한 후 다시 뱉어 내는 행동을 끝없이 되풀이한다. 그래서 폭식증을 고치려면 이런 무의식적 양가감정부터 다스릴 수 있어야 한다. 사랑하는 대상을 자기 안에 품고 싶지만 미움 때문에 도로 밀어내버릴 수밖에 없는 슬픈 운명을 지닌 사람이 바로 폭식증 환자인 것이다.

14장

부끄러움이 지나치면 병이 된다

– 수줍음과 대인공포의 심리

"나는 글을 쓰기 전에
내 영혼이 혼자 도약하려고 준비하고 있을 때
늘 심장과 횡격막 사이의 공간에서 두려움을 느꼈다."

– 안드레 듀버스

부끄러움은 유전적·환경적 요인 탓

부끄러움에 대해 생각할 때 제일 먼저 떠오르는 이미지는 무엇일까? 사랑하는 사람 앞에서 고개를 숙이고 발그레한 얼굴로 손가락만 만지작거리는 소녀의 모습일까? 아니면 초등학교 학예회 발표 날, 곧 사람들 앞에 나설 생각에 불안해져서 가슴이 콩닥콩닥 뛰는 아이의 모습일까? 혼자 사는 존재가 아닌 이상, 누구나 다른 사람과의 관계 속에서 부끄러움을 느낄 수 있다. 그래서 부끄러움은 인간이 가진 보편적 특성이라 해도 과언이 아니다.

30년 넘게 매일 무대에 서 온 어떤 연극배우는 지금도 어둠 속에서 조명이 켜지고 관객들의 눈동자가 자기에게 집중되는 순간 불안해진다고 고백한다. 미국의 유명한 가수이자 영화배우였던 바브라 스트라이샌드(Barbra Streisand)가 무대 불안 때문에 27년간 라이브 공연을 피했다는 일화는 이미 잘 알려진 사실이다. 2004년도 노벨문학상을 수상한 오스트리아의 희곡가이자 작가인 엘프리데 옐리네크(Elfriede Jelinek) 역시 무대 공포증 때문에 노벨상 수상 연설을 거부하고 비디오 메시지로 이를 대신한 바 있다. 이 정도면 부끄러움이 지나쳐 사회 활동에 심각한 문제를 일으키는 병적 상태라 할 수 있다. 왜 어떤 사람들은 이렇게 심하게 부끄러움을 느낄까?

정신분석 이론에 따르면 부끄러움은 사람들 정신 내부에 있는 초자아의 영향 때문에 생긴다고 본다. 즉 의식적, 무의식적인 가치 기준에 의거해서 자신이 처한 상황이 적절치 못하다는 판단이 내려지면 부끄러움을 느끼는 것이다. 그런데 초자아는 부모의 가치관이나 양육 방식에 의해 결정되는 부분이 많다. 따라서 부끄러움을 느끼는 데에는 어릴 때 양육 환경이 큰 영향을 미칠 수 있다. 그렇다면 부끄러움은 환경적 요인에 의해서만 생기는 걸까?

최근의 신경생물학 연구에 의하면, 원래 불안과 공포 반응을 주관하는 생리적인 중추로 알려진 편도체가 부끄러움과 관련된 신경 중추이기도 하다는 주장이 설득력을 얻고 있다. 즉 부끄러움을 많이 타는 사람은 외부 자극에 대한 편도체의 반응성이 지나치게 높은 사람으로, 사회적 스트레스와 직면하면 우선 그 상황을 회피하려고 한다.

하버드 대학교의 발달심리학자 제롬 케이건(Jerome Kagan) 교수에 의하면 사람은 태어날 때부터 외부 환경의 자극에 대해 고

반응성을 보이는 아기들과 저반응성을 보이는 아기들로 나뉜다
고 한다. 생후 4개월 된 아이들을 대상으로 한 장기간의 종적 연
구에서 전체 아기들 중 약 20% 정도는 외부 자극에 대해 고반응
성을 보였다. 그런데 이들은 나중에 전형적으로 내향적 성격을
가진 사람으로 성장하였다.

반대로 저반응성을 보였던 아기들은 나중에 외향적 성격의
사람으로 성장하였다. 케이건 교수는 외부 자극에 고반응성을
보이는 아기들이 선천적으로 과민한 편도체를 갖고 태어난다고
주장한다. 다시 말해 부끄러움이 유전적, 생물학적 요인에 의해
결정된다는 주장이다.

우리는 자기 약점이나 잘못, 또는 무가치함이 남들 앞에 탄
로 났다고 생각되면 부끄러워한다. 누구든 자기 약점이나 결함
을 남 앞에 민낯 그대로 드러내고 싶은 사람은 없을 것이다. 그
래서 이런 부류의 부끄러움은 인간의 자연스러운 감정이라 할
수 있다. 만약 우리가 부끄러운 줄도, 창피한 줄도 모른다면 어떨
까? 주변에 그런 사람이 있다면 아마 굉장히 뻔뻔해 보이고 거부
감을 불러일으킬 것이다. 즉 부끄러움을 통해 우리는 자기 행동
을 다시 한 번 성찰하고 문제점을 인식하게 된다. 따라서 부끄러
움이란, 적절하게만 유지된다면, 사람들에게 꼭 필요한 감정인
것이다.

전체 인구의 8명 중 한 명은 대인공포증

그런데 부끄러움이 지나쳐서 타인과의 접촉이 공포스러워질 정도라면 사정이 다르다. 부끄러움 때문에 갑자기 맥박이 빨라지고, 손에는 땀이 치고, 가뭄에 논바닥 갈라지듯 입이 마르면서 머릿속이 하얘진다면 어떨까? 그래서 그 순간 단지 그 자리를 피하고 싶다는 생각밖에 들지 않는다면?

이렇게 심각한 부끄러움이 장기간 지속되면 일상생활이 여러모로 어려워진다. 특히 친구 사귀기가 어려워져서 외로움과 우울감을 느끼기 쉽다. 부끄러움을 많이 타는 아이들은 다른 아이들과 친밀한 관계 형성이 어려워서 덜 사회적인 사람이 된다. 또한 혼자 놀게 되거나 고립될 가능성도 높다. 이들은 사소한 일에 걱정이 많고, 사회적 갈등에 부딪혔을 때 적극적 해결보다는 회피하려는 성향이 강하다. 나중에 성인이 되었을 때 불안장애나 우울증 같은 정신장애를 앓을 위험성이 크다.

일상의 파괴자, 대인공포증 20대 초반의 여대생인 선우 씨는 부끄러움을 너무 많이 타서 걱정이었다. 고등학교 1학년 때부터 학교에서 책 읽기나 발표를 시키면 얼굴이 빨개지면서 목소리가 떨리고 가슴이 너무 두근거려서 괴로웠다. 그래서 학교에서 별명이 홍당무일 때도 있었다. 그럴 때마다 선우 씨는 너무 창피해서 그 자리에서 그냥 사라지고만 싶었다. 대학에 진학해서도 발표를 시키는 강의는 아예 수강 신청을 하지 않고 피했다. 그런데 3학년이 되면서부터 전공 수업이 대부분 세미나식으로 진행되는 바람에 발표를 피할 수가 없었다. 그래서 선우 씨는 휴학을 심각하게 고려하고 있었다.

선우 씨는 유교적 가풍의 집안에서 자랐는데 부모님이 굉장히 엄격했다. 조금만 잘못해도 반드시 조목조목 이유를 따져 야단을 쳤다. 그래서 선우 씨는 부모님이 항상 어렵게 느껴졌다. 선우 씨의 오빠들은 모두 모범생이었고 뛰어나게 공부를 잘했다. 그래서 선우 씨는 어릴 때부터 오빠들과 비교가 많이 되었다. 선우 씨는 집에서도 늘 편하게 있지 못하고 부모님 눈치를 많이 봤다. 머릿속엔 실수를 하면 안 된다는 강박관념 같은 것이 늘 따라다녔다.

선우 씨의 사례는 지나친 부끄러움 때문에 일상생활에 심각한 지장을 받는 경우이다. 정신의학적으로 이런 상태를 '대인공포증' 또는 '사회공포증'이라 부른다. 대인공포증이 있는 사람은 남들이 자기를 유심히 지켜보는 상황에서 어떤 일을 할 때 지나치게 긴장하고 심한 불안감을 느낀다. 선우 씨의 경우처럼 학교에서 수업을 듣기 힘들어 휴학을 해야 할 정도라면, 이미 정상 범

위를 넘어선 질병의 상태이다. 즉 부끄러움이 지나치면 병이 되
는 것이다.

  대인공포증은 의외로 흔한 질환이어서 전체 인구 중 8명 가
운데 한 명꼴로 발견되며, 우울증, 약물 중독과 함께 3대 정신질
환에 속한다. 그들은 자신의 문제를 가까운 동료나 가족들에게
말하고 도움을 받는 것조차 어려워한다. 그러다 보니 수년 혹은
수십 년 동안 문제를 그냥 안고 살아가기 쉽다. 개중에는 혼자 일
할 수 있는 직업을 찾아서 그럭저럭 잘 적응하는 경우도 있다. 반
면 능력은 뛰어난데도 계속 승진에 실패하고 여러 직장을 전전
하는 경우도 종종 볼 수 있다. 결국 지나친 부끄러움은 인간관계
나 직업, 가정 등에 큰 영향을 미쳐 한 사람의 인생을 망쳐 놓을
수도 있다.

  정신분석가들이 생각하는 대인공포증의 발생 원인은 다음
과 같다. 첫째, 자기 마음속에 있는 비판적이고 가혹한 부모상
(이를 초자아라 부르기도 함)이 있기 때문이다. 이 경우 혹여 작은
실수라도 해서 심하게 질책받을까 봐 전전긍긍할 때가 많다. 둘
째, 성공이나 성취에 대한 심리적 갈등 때문에 대인공포증이 발
생하는 경우이다. 이때는 성공에 대한 무의식적 양가감정이 문
제가 된다.

40대 초반의 수현 씨는 대기업의 부장이다. 그런데 수현 씨는 몇 년 전부터 여러 사람들 앞에서 발표만 하려면 너무 떨리고 불안해지는 증상이 생겼다. 부서 내에서 소규모로 회의를 할 때는 그래도 참을 만했다. 하지만 회사 내 큰 행사에서 임직원들을 모두 모아 놓고 발표를 하기는 너무 힘들었다. 그동안은 이런저런 핑계로 발표를 다른 사람들에게 미루면서 버텼다. 하지만 두 달 후에 회사 임직원 수백 명을 모아 놓고 열리는 시제품 설명회가 예정되어 있었다. 거기에선 어쩔 수 없이 프로젝트 책임자인 자신이 직접 발표해야만 했다. 수현 씨는 벌써부터 걱정이 태산이었다. 그래서 차라리 회사에 사표를 내면 어떨까 하는 생각까지 하고 있었다.

수현 씨는 명문 사립대 졸업 후 외국에서 MBA까지 하고 돌아와 지금 회사에서 성공가도를 달려왔다. 수현 씨는 1남 1녀의 장남이다. 집안 형편이 어려워 고등교육을 받지 못한 아버지는 평생 일용직 노동자로 일했고 경제적으로 무능한 분이었다. 수현 씨는 어릴 때부터 아버지와 사이가 별로 좋지 않았다. 아버지는 툭하면 술을 마셨고 그럴 때마다 큰소리로 수현 씨를 윽박지르곤 했다. 아버지는 공부는 잘했지만 유약한 수현 씨를 사내답지 못하다며 야단치곤 했다. 또한 아버지는 어머니와도 사이가 좋지 않았다. 어머니는 아버지를 무시했고 어릴 때부터 수현 씨만 싸고돌았다.

그런데 상담을 통해 밝혀진 수현 씨 감정은 생각보다 더 복잡했다. 아버지는 수현 씨에게 가혹할 때도 많았지만, 아들의 성공을 위해 기꺼이 많은 희생을 감수했다. 수현 씨가 어려운 가정 형편 속에서도 대학을 졸업하고 미국 유학까지 마친 데에는 아버지의 도움이 결정적이었다. 그래서 아버지는 마냥 무시할 수도 없고, 그렇다고 좋아할 수도 없는, 부담스러운 존재였다.

수현 씨가 회사에서 성공가도를 질주하면서 아버지에 대한 마음속 갈등은 점점 더 커졌다. 만약 수현 씨가 계속 성공한다면 무능한 아버지를 뛰어넘어 아버지에 대한 우월성을 확실히 보여 줄 것이다. 하지만 그렇게 되면 수현 씨 무의식 속의 죄책감도 점점 더 커지게 될 것이었다. 수현 씨가 하필 임원 승진을 바로 코앞에 둔 시점에서 발표공포증 증상이 시작된 것은 그럴 만한 이유가 있었다. 즉 마음속의 가혹한 초자아와 성공에 대한 양가감정이 모두 작용하여 대인공포증이 발생한 것이다.

적당한 부끄러움은 병이 아닌 자연스러운 감정이다

최근 들어 사회 각 분야에서 유능한 인재가 갖춰야 할 덕목으로 외향적, 사교적 성격이 더 많이 강조된다. 게다가 늘 자신만만하고 적극적인 모습을 보여야만 유능한 사람으로 비춰진다는 사회적 인식이 팽배해 있다. 그러다 보니 낯선 사람들을 많이 접할 기회가 없었던, 옛날 같으면 별로 문제가 안 되었을 사람들이 이런 시대적 변화 때문에 스트레스를 받는 경우가 흔하다.

부끄러움이 지나쳐 병이 되지 않으려면 우선 부끄러움을 극복하려는 적극적인 노력이 필요하다. 예를 들어 평소 익숙한 환경에서부터 조금씩 자기주장을 더 해 보려는 마음가짐을 가져 보자. 가까운 사람들 앞에서 자기주장을 잘할 수 있게 된다면 낯선 사람들 앞에서도 큰 도움이 될 것이다. 또 자신의 생각이나 가치관이 너무 경직된 건 아닌지, 남의 눈치나 평가에 너무 과민한 건 아닌지 성찰이 필요하다.

적당한 부끄러움은 병이 아니라 인간의 자연스러운 감정이다. 남들 앞에서 자신의 부끄러운 민낯을 드러내는 일은 누구에게나 힘들다. 부끄러움을 많이 타는 것도 일종의 타고난 성격이다. 따라서 그런 성격을 억지로 감추려 하거나 조금이라도 부끄러운 기색을 드러내는 걸 수치스럽게 생각하지 말자. 오히려 사회적 상황과 자기 성격 사이에 적절한 타협점을 찾아 대처하는 게 더 자연스러울 수 있다. 억지로 부끄러움을 감추려는 태도가 오히려 더 심각한 병을 키울 수도 있음을 잊지 말자.

15장

정신분석은 불완전한 인간을
완벽한 존재로 바꾸는 것이 아니다

– 정신분석에 대한 오해와 진실

"'정상적 인간'이란 사실 평균적인 의미에서 정상일 뿐이다.
그의 자아는 여기저기에서
크게 또는 작게 정신병자의 자아와 비슷하다."

– 프로이트

정신분석 치료와 일반 상담치료의 다른 점

정신분석에 대해 대중이 지닌 많은 오해가 있다. 그중 가장 흔한 것은 정신분석이 성(性)에만 집착하는 구시대적 심리학이라는 비판이다. 이런 비판은 프로이트가 모든 신경증(노이로제)의 원인을 억압된 성적 갈등의 연장선상에서 보려 했다는 주장에서 비롯되었다. 실제로 19세기 말, 프로이트는 정신분석 이론을 제시하면서 리비도나 유아성욕설과 같은 신경증의 성인론(性因論)을 강조했다. 이런 파격적인 주장은 당시 무척 보수적이던 비엔나 의료계와 지식인층에 큰 파장을 불러일으켰다.

하지만 정신분석 이론은 이후 많은 변화 과정을 겪었다. 프로이트는 정신분석 이론을 좀 더 정교하게 체계화하면서 인간 정신에 의식과 전의식, 무의식이 존재한다는 소위 정신의 지형이론을 핵심 이론으로 내세웠다. 그리고 말년에는 자아와 초자아, 이드가 정신을 이루는 주요 구조물이라는 구조이론에 좀 더 치중하는 모습을 보였다.

1939년 프로이트 사후 벌써 80년 가까운 긴 세월이 흘렀다.

그 사이 수많은 프로이트의 계승자들에 의해 정신분석 이론은 비약적으로 발전했다. 그간에 축적된 임상적 증거들을 토대로 전이나 역전이, 저항에 대한 새로운 개념들이 대거 제시되었고, 정신분석 이론의 많은 부분이 수정 및 보완되었다. 그 결과 현대 정신분석 이론은, 자아심리학을 기반으로 하고 있지만, 프로이트 이후에 나온 대인관계 심리학, 대상관계 이론, 자기심리학, 발달심리학 분야의 다양한 주장들을 대거 포함하고 있다. 따라서 오늘날의 정신분석은 초창기 프로이트의 주장과는 아주 많이 달라졌다는 것이 학계의 정설이다.

물론 오늘날 대부분의 정신분석학자들이 프로이트를 초심리학(meta-psychology)이란 혁신적인 심리학 패러다임을 확립한 발명가로서 존중하는 것은 맞다. 하지만 그들은 프로이트가 주장했던 이론 전체를 무오류의 교리처럼 맹신하는 정신분석교 광신도가 결코 아니다. 오히려 기존 이론에 후대의 새로운 이론을 접목시켜 끊임없이 수정하고 보완하려는 정신분석 과학자(psychoanalysis scientist)에 더 가깝다.

대중들이 가진 또 다른 오해 중의 하나는 일반적인 상담치료와 정신분석 치료를 혼동하는 것이다. 정신분석 치료는 인간 정신에 미치는 무의식의 영향력을 매우 중시한다. 그래서 치료 과정도 자유연상을 통한 무의식의 탐색을 중요시한다. 이 점이 무의식보다는 의식 세계의 문제에 초점을 맞추는 일반적인 상담 치료와는 많이 다르다. 또한 과거 어린 시절에 겪었던 정신적 상처가 훗날 신경증의 주요 원인이 된다는, 소위 정신결정론(psychic determinism)을 지지한다는 점도 다르다.

그뿐 아니라, 정신분석 치료는 일반적인 상담치료에 비해 훨씬 더 고도로 전문적인 수련 과정을 요구한다. 예를 들어 정신분석 치료를 제대로 하려면 치료자 자신이 공인된 교육분석가(training psychoanalyst)에게 4~5년간 정신분석을 받아야 한다. 이는 일주일에 4~5회씩, 대략 600회 이상의 정신분석 치료를 받아야 한다는 뜻이다. 그리고 매주 1회씩, 자신의 정신분석 치료 사례에 대해서도 정기적인 지도 감독을 수년 동안 받아야 한다. 그 외에 4년 동안 매주 정규 세미나를 통한 정신분석 이론 공부까지 모두 마치고 최종 구두시험까지 통과해야 비로소 정신분석가 자격증을 받게 된다. 따라서 정신분석가가 되는 길은 많은 시간과 노력이 요구되는, 매우 까다롭고 험난한 과정이다. 정신분석가가 되는 게 이렇게 어렵다 보니, 요즘 서구에서는 정신분석 지원생이 과거에 비해 점차 줄어들고 있는 게 현실이다.

정신분석 치료는 정신분석에 기반한 정신치료(일명 정신분석적 정신치료라고 부름)와도 많이 다르다. 사실 일반인들이 접하는 정신분석 치료는 대부분 후자에 가깝다. 정신분석 치료는 일주일에 4~5회씩 수년간 지속되며, 카우치에 누워 치료자와 얼굴을 맞대지 않은 채로 진행한다. 이에 반해 정신분석에 기반한 정신치료는 대개 일주일에 1~2회씩, 짧게는 2~3개월부터 길게는 수년 동안 진행된다. 그리고 치료자와 얼굴을 마주 보며 치료를 진행한다. 일반적으로 정신분석 치료가 정신분석에 기반한 정신치료보다는 더 자주, 오랫동안 진행되게 마련이다. 그래서 정신분석 치료의 경우 좀 더 깊은 수준의 심리 분석이 가능하다. 따라서 인격장애 환자처럼 아주 심각한 정신병리를 가진 사람들에게는 정신분석 치료가 더 권장된다.

정신분석, 삶의 재건을 돕다

그렇다면 정신분석 과정은 실제로 어떻게 진행될까? 그것은 한마디로 자신의 무의식을 이해해 가는 과정이라 할 수 있다. 그런데 무의식의 내용들은 우리가 쉽게 떠올릴 수 있는 가볍고 편한 내용이 아닐 때가 많다. 그래서 분석을 받는 사람(피분석자)들은 상담 과정 중에 자꾸 이런 무의식적 내용들을 자기도 모르게 피하려 한다. 이런 행동을 정신분석에서는 '저항'이라 부른다.

정신분석에서는 과거 어린 시절에 겪었던 중요한 정신적 사건을 나중에 다른 형태로라도 계속 반복하게 된다고 본다. 정신분석 치료를 하다 보면 피분석자들이 어릴 때 겪었던 중요한 인간관계를 분석가와의 사이에서 재연하는 것을 흔히 본다. 이런 현상을 '전이'라고 한다. 무의식을 이해하려면 바로 이 전이의 이해가 필수적이다. 전이 현상을 잘 해석해 주는 게 무의식의 이해를 돕는 지름길이다. 이것이 바로 정신분석 치료의 핵심이라 할 수 있다.

정신분석을 받는 사람들은 자유연상을 통해 자신의 무의식을 탐색하도록 권유받는다. 자유연상이란 분석 시간 중에 무엇이든 그 순간 느낀 감정이나 생각을 솔직하게 정신분석가에게 이야기하는 것이다. 그래서 분석을 받는 사람에게는 고도의 솔직성과 진실성이 요구된다. 또한 자신이 갖고 있는 문제를 적절히 표현할 수 있는 언어 능력과 적정 수준의 지능도 필요하다. 그래서 정신분석 치료는 너무 교육 수준이 낮거나 지능이 낮은 사람에게는 권장되지 않는다.

한편 정신분석가는 피분석자의 고통에 대해 격려나 위로를 할 수도 있지만 그보다는 질문과 탐색이 우선일 때가 많다. 왜냐하면 정신분석가의 기본 역할은 피분석자의 마음을 공감하며 이해하고, 그것을 해석의 형태로 되돌려 주는 것이기 때문이다. 그렇게 함으로써 피분석자 스스로가 자신을 이해할 수 있게끔 돕

정신과 의사에 대한 오해와 진실

는 것이 정신분석인 것이다. 따라서 섣부른 위로나 격려는 오히려 정신분석의 적절한 진행을 막을 때가 많다. 때론 정신분석가 자신이 어린 시절에 겪었던 중요한 인간관계를 분석 과정 중에 피분석자에게 거꾸로 재연할 수도 있다. 이런 현상을 '역전이(逆轉移)'라고 한다. 역전이가 진행되면 정신분석 치료는 심각한 어려움에 처하기 쉽다. 따라서 정신분석가는 피분석자의 전이뿐 아니라, 자신의 역전이까지 항상 면밀하게 모니터링 해야 한다.

하지만 자신의 무의식을 정신분석 작업을 통해 알게 되었다고 해서 문제가 다 해결되는 것은 아니다. 인간의 본성은 변화보다는 익숙하고 편한 쪽을 택하려는 성향이 강하다. 따라서 수십 년 동안 습관처럼 반복해 온 우리의 생각과 행동이 어떤 일순간의 깨달음만으로 쉽게 변하리라 기대하는 것은 무리이다. 그래서 자신의 무의식에 대한 깨달음을 반복적으로 확인하고 실생활에서 이를 다시 체험하는 긴 학습 과정이 필요하다. 정신분석에서는 이런 과정을 훈습(薰習, working through)이라 부른다. 훈습이 잘 이루어져야 피분석자는 자신의 무의식적 소망을 깨닫고, 그중 포기할 것과 수정해서 받아들여야 할 것을 구분해서 행동하게 된다. 그 결과 외부에서 강요된 모습에 억지로 맞춰 살기보다는 자기 내면의 소리에 귀 기울이며 현실에 더 잘 적응할 수 있게 된다. 정신분석 치료가 수년간에 걸쳐 천천히 지속될 수밖에 없는 이유가 바로 여기에 있다.

　정신분석이 끝나고 피분석자가 자신의 무의식적 소망을 모두 다 이해하게 됐다고 치자. 그렇다고 해서 정신적 고통이 완전히 사라지거나, 완벽한 사람이 되는 것은 아니다. 하지만 정신분석을 통해 신경증적 고통을 견디는 힘은 더 커지고, 고통에 대한 비현실적인 두려움은 훨씬 줄어든다. 이것은 무의식적 소망에 대한 이해와 훈습 과정을 통해 자아기능이 훨씬 더 강화됨으로써 가능해지는 것이다. 정신분석은 불완전한 인간을 완벽한 존재로 바꿔 주는 과정이 아니다. 그보다는 신경증적 갈등과 그에 따른 비현실적 두려움을 극복하게 해 주는 것이라 하겠다. 그럼으로써 좀 더 만족스러운 삶을 살 수 있게끔 도와주는 것이다.

다가오는 정신분석의 르네상스

　우리나라에서는 1980년에 한국정신분석학회가 처음 설립되었고, 2006년에 국제적으로 공인된 정신분석가들이 처음으로 배출되었다. 그리고 2009년에야 국제정신분석학회에서 공인한 정신분석가 수련 프로그램이 시작되었고, 그 첫 졸업생이 나온 때가 2014년이다. 현재 한국정신분석학회에서 정신분석가 정규 수

련 과정을 밟고 있는 사람만도 30명이 넘으며, 그 숫자는 해마다
더 늘어나는 추세이다.

　2011년, 해외의 저명한 정신분석가들을 다수 초청하여 서
울에서 한국정신분석학회 창립 31주년 기념 국제학술대회가 열
렸다. 이때 한국에서의 정신분석 발전에 대한 청사진이 'vision
2030'이란 이름으로 발표되었다. 한마디로 우리나라에서 2030
년까지 국제적으로 공인된 정신분석가를 50명 이상, 그리고 숙
련된 정신치료자를 300명 이상 배출해 내는 것이 한국정신분석
학회의 장기적인 목표임을 천명한 것이다. 이렇게만 된다면 오
랜 세월 동안 정신분석의 불모지였던 대한민국이 아시아권 정신
분석의 메카로 떠오를 날도 머지않았다. 조금 늦었지만 바야흐
로 우리나라에서도 정신분석의 르네상스가 활짝 열리려는 찰나
이다.

아픈 마음 읽기

—

정신분석에 대한 요구가 지속적으로 증가하는 추세

한국 사회는 1970~1990년대의 경제적 고도성장기를 거쳐 오늘날 단군 이래 최고의 물질적 풍요를 누리고 있다. 하지만 그간 물질적 고도성장의 그늘에 가려 있던 수많은 문제들이 폭발적으로 터져 나오고 있는 상황이 오늘날 우리의 현실이기도 하다. 절대적 빈곤보다 더 아픈 상대적 빈곤에서 오는 좌절감이나, 물질만능주의와 인터넷 중독의 그늘 속에서 독버섯처럼 자란 정신적 고립과 소외라는 문제는 심각하다. 이와 더불어 핵가족 제도에서 자라난 많은 아이들이 자기애적 인격 특성을 갖게 되면서, 욕망과 소원의 좌절에서 비롯된 분노 조절의 어려움 역시 큰 사회적 문제가 되고 있다.

사실 우리가 지금 겪고 있는 이런 문제들은 서구 사회가 이미 1960~1970년대에 걸쳐 겪었던 것들과 많은 부분이 쌍둥이처럼 닮아 있다. 역설적이지만 그래서 서구 사회에서 1960~1970년대에 정신분석이 최전성기에 이르렀던 것처럼, 우리나라에서도 바야흐로 정신분석의 시대가 지척에 이르렀다는 예측이 가능하다. 실제로 오늘날 우리 사회에서 정신분석 전문가들의 숫자는 매년 늘어나고 있으며, 정신분석을 받으려는 사람들 역시 지속적으로 늘고 있는 실정이다.

내가 정신분석의 대중화라는 다소 거창한 목표를 갖고 이 책을 처음 준비하기 시작한 것은 작년 초봄으로, 창밖에 아직 푸른 봄빛이 채 올라오기도 전이었다. 사실 책을 쓰겠다는 결심을 했을 때만 해도 미리 써 놓았던 내용도 있고 해서 2~3개월 정도면 쉽게 마무리할 수 있으려니 싶었다. 그런데 금방 끝낼 수 있으리라는 처음의 예상과는 달리, 집필 과정은 생각보다 훨씬 녹록지 않았다. 특히 어려운 정신분석 개념들을 독자들이 이해하기 쉽도록 임상사례 속에 녹여서 풀어 쓰는 일이 생각보다 만만치 않았다. 그러다보니 글쓰기는 자꾸 미루어지고, 과연 정해진 기한 내에 책을 마무리할 수 있을까 하는 걱정이 앞설 때도 많았다.

하지만 이 책의 집필 과정을 한결같이 지지해 준 주변의 많은 지인들과, 더숲 출판사의 꾸준한 관심과 지원 덕분에 결국 힘든 과정에 마침표를 찍을 수 있게 되었다. 그래서 이들 모두에게 진심으로 감사하다는 마음을 꼭 전하고 싶다. 또한 이 책에 등장하는 수많은 마음에 대한 귀중한 모티프를 제공해 준 내 환자분들께도 깊은 감사의 마음을 전하고 싶다. 만약 그분들이 없었다면 이 책을 쓰는 것은 애초에 불가능했을 것이다. 어렵게 쓰여진만큼, 부디 이 책이 정신분석에 대한 대중적 관심의 불씨를 지피는 데 미력하나마 도움이 되기를 바란다. 또한 아직도 정신질환에 대한 편견의 벽이 높은 우리 사회에서 정신 건강에 대한 일반 대중의 인식 전환에도 이 책이 일정 부분 기여할 수 있기를 기대해 본다.

사회의 그늘에서 고통받고 있는 아픈 마음들을 위해

사실 다른 사람의 마음을 읽는다는 것은 쉽지 않은 일이다. 벌써 30년 가까이 사람들의 마음을 읽고 이해하는 작업을 천직으로 알고 살아 온 필자에게도 이 일은 여전히 어려운 게 사실이다. 하지만 고통받는 마음에 대한 따뜻한 관심과 공감 능력만 있다면 마음 읽기란 누구에게나 가능한 일이기도 하다. 그래서 나는 이 책을 읽은 독자들이 먼저 자기 주변의 가까운 지인들의 마음부터 관심을 갖고 찬찬히 살펴볼 수 있기를 바란다. 그리고 한

발 더 나아가 따뜻한 공감과 이해의 시선으로 이 사회의 그늘에서 고통받고 있는 수많은 아픈 마음들도 다시 바라봐 줄 수 있기를 기대한다. 누가 알겠는가? 어쩌면 지금 이 시대 우리 사회의 복잡다단한 인간사 갈등을 해결하는 데 있어 정신분석적 마음 읽기가 의외로 큰 역할을 할 수 있을지.

정신분석 관련 주요용어 및 이론

참고문헌

정신분석 관련 주요 용어 및 이론

무의식Unconscious

마음의 대부분은 의식적인 생각의 영역을 벗어나 있어 평소에 잘 모르는 채로 지내게 되는데 이를 무의식이라고 한다. 프로이트는 꿈이나 말실수를 무의식이 존재하는 구체적인 증거로 제시한 바 있다. 프로이트에 의하면 무의식은 종종 인간의 행동과 감정에 결정적인 영향을 미치며, 각종 신경증 증상을 유발하는 데도 중요한 역할을 한다.

전의식Preconscious

프로이트가 주장한 정신의 지형이론에서 의식, 무의식과 더불어 정신 구조를 이루는 3대 부위 중 하나이다. 전의식은 의식과 무의식의 중간 부위로서, 여기에 속한 내용은 평상시엔 무의식에 속하지만 집중을 하면 쉽게 의식화할 수 있는 것이다. 대개 무의식에 묻혀 있던 내용이 전의식까지 올라와 일시적으로 머물러 있다가 적절한 자극을 받으면 순간적으로 의식으로 올라오게 된다.

전이|Transference

어린 시절 자신의 인생에서 중요했던 사람과의 관계에서 경험한 행동방식, 태도나 감정들이 정신분석 치료를 받는 동안 치료자에 대한 정서적인 경험이나 환상의 형태로 재현되는 현상을 말한다. 정신분석 치료에서 필연적으로 나타나며 전이의 분석이 치료의 진전에 핵심적인 역할을 할 때가 많다.

역전이 | Counter Transference

치료자가 자신의 어린 시절 인생에서 중요했던 사람과의 관계에서 경험한 행동방식, 태도나 감정들을 정신분석 치료 도중에 환자에 대한 정서적인 경험이나 환상의 형태로 경험하는 현상을 말한다. 만약 치료자가 역전이 현상을 잘 감지하지 못하면 치료에 큰 장애물로 작용하게 된다. 하지만 치료자가 역전이 현상의 발생 이유를 질 이해할 수만 있다면 오히려 정신분석 치료에 도움이 될 수도 있다.

해석 | Interpretation

정신분석 치료에서 가장 중요한 치료적 기법이다. 환자가 지금까지 의식하지 못한 채로 살아 오던 무의식적 생각이나 감정, 행동의 의미를 잘 이해할 수 있게끔 치료자가 말로 전달해 주는 것을 말한다. 정신분석 치료에서는 방어기제에 대한 해석이나 전이 현상과 같은 환자-치료자 관계에 초점을 두는 해석이 주가 된다.

저항 | Resistance

정신분석 치료에서 무의식적으로 자극되어 나타나는 환자의 방어 행동을 말한다. 치료자는 무의식의 영향 때문에 신경증 증상이 형성된다는 병식을 환자에게 심어 주고자 노력한다. 하지만 환자가 병식을 갖기를 거부하고 현 상태를 그대로 유지하려는 무의식적인 행동을 보이기도 하는데, 이를 저항이라 한다. 저항 역시 정신분석 치료에서 필연적으로 나타나는 현상이다. 치료 과정에서 나타나는 흔한 저항의 형태로는 치료 시간에 늦거나, 아예 오지 않거나, 치료자의 해석을 무시하거나, 치료 시간 중에 자주 침묵하거나, 치료비 지불을 잊어버리는 행동 등을 들 수 있다.

훈습 과정 Working Through

정신분석 치료에서 환자는 해석을 받아들임으로써 병식을 갖게 되고 결국 신경증적 행동의 변화까지 일어난다. 하지만 한 번의 해석으로 이런 변화가 모두 일어나진 않는다. 결국 반복적인 해석을 통해 점진적인 변화를 유도하는데, 이렇게 병식을 가져 변화하는 과정을 훈습 과정이라 한다.

자유연상 Free Association

정신분석 치료에서 주로 사용하는 치료 기법이다. 치료 시간 중에 환자로 하여금 순간순간 마음속에 떠오르는 생각이나 감정을 있는 그대로 얘기하게끔 허용하는 방법을 말한다. 이 기법을 통해 환자의 무의식적 갈등이나 감정에 접근하기가 쉬워진다.

리비도 Libido

프로이트가 사용한 정신분석 용어로 삶의 본능을 움직이는 정신적 에너지를 뜻한다. 각 개인이 갖고 있는 성적 소망의 영향을 받아 만들어지지만 그렇다고 단순히 성욕만을 의미하진 않는다.

이드(원본능) Id

프로이트의 정신분석 이론의 핵심이라 할 '구조이론'에서 정신을 이루는 3대 축 중 하나를 말한다. 다양한 본능의 근원으로 성욕이나 식욕 같이 즉각적인 만족을 추구하는 생물학적 충동에서 잘 나타난다. 또한 유아기에 억압된 무의식적 소망에서도 이드가 큰 비중을 차지한다. 이 드의 내용은 언제나 무의식적이다.

자아Ego

'구조이론'에서 정신을 이루는 3대 축 중 한 부분이다. 자아의 작용에 는 무의식적인 부분도 있고 의식적인 부분도 있다. 자아는 본능을 움 직이는 이드의 욕구와 주변 현실, 그리고 초자아 사이에서 늘 적절한 균형을 이루려고 한다. 즉 주변 현실과 초자아를 감안해서 본능적 욕 구를 적절히 타협, 충족시키는 역할을 한다. 만약 이런 타협이 잘되지 않으면 불안이나 각종 신경증적 갈등이 발생하게 된다.

초자아Superego

정신을 이루는 3대 축 중, 이드와 자아를 제외한 또 다른 한 부분을 말 한다. 초자아 역시 자아처럼 무의식적인 부분과 의식적인 부분이 혼재 되어 있다. 개인이 갖는 자아 이상과 도덕적 양심이 바로 이 초자아에 서 비롯된다. 초자아는 부모의 질책이나 비난, 칭찬 같은 양육 태도에 많이 영향을 받는데, 일상에서 보이는 부모의 태도를 아이가 마음 속 에 내재화하면서 형성된다.

발현몽Manifest Dream

꿈꾸는 사람이 기억하는 그대로의 꿈 내용을 말한다. 발현몽은 꿈작업의 결과로 이차적 수정이 일어나면서 만들어진다. 따라서 무의식적인 내용을 그대로 담고 있는 잠재몽과는 많이 달라진다.

잠재몽 Latent Dream

무의식적 소망을 그대로 담고 있는 꿈의 원판을 말한다. 잠재몽은 무의식적인 성(性)적, 공격적 소망을 담고 있으며, 일상에서 자신이 실제 경험한 사건의 영향을 받아 만들어진다. 잠재몽은 무의식적인 소망과 직결되는 내용을 담고 있어 의식에서 그대로 받아들이기 어려울 때가 많다. 그래서 꿈작업에 의해 발현몽으로 수정, 변형되어 나타나게 된다.

꿈작업 Dream Work

잠재몽을 발현몽으로 수정, 변화시키는 정신기제로서 꿈꾸는 동안 무의식적으로 작동하는 자아기능 중 일부이다.

참고문헌

1. Freud S. Translated by James Strachey, *Interpretation of Dreams*, The Standard Edition of The Complete Psychological Works of Sigmund Freud, Volume IV, The Hogarth Press, London, 1900.

2. Freud S. Translated by James Strachey, *Interpretation of Dreams and On Dreams*, The Standard Edition of The Complete Psychological Works of Sigmund Freud, Volume V, The Hogarth Press, London, 1900–1901.

3. Freud S. Translated by James Strachey, *The Psychopathology of Everyday Life*, The Standard Edition of The Complete Psychological Works of Sigmund Freud. Volume VI, The Hogarth Press, London, 1901.

4. Freud S. Translated by James Strachey, *Jokes and their Relation to the Unconscious*. The Standard Edition of The Complete Psychological Works of Sigmund Freud. Volume VIII, The Hogarth Press, London, 1905.

5. Core Concepts of Psychoanalysis, *Textbook of Psychoanalysis*, Edited by Person ES, Cooper AM, Gabbard GO. The American Psychiatric Publishing, Washington, D.C, 2005.

6. J.C. 네마이어, 『정신병리학의 기초』, 유범희 옮김, 민음사, 1992.

7. 레온 앨트먼, 『성. 꿈. 정신분석』, 유범희 옮김, 민음사, 1995.

8. 대한신경정신의학회 편, 『신경정신의학』, 2판, 중앙문화사, 2005.

사진 판권

48쪽(위) ⓒⓘⓞ Stanislaw Mucha
169쪽 ⓒⓘⓞ Gegodeju

퍼블릭 도메인은 따로 표기하지 않았습니다.

다시 프로이트,
내 마음의 상처를 읽다

초판 1쇄 발행 2016년 6월 30일
초판 5쇄 발행 2023년 3월 30일

지은이 유범희

발행인 김기중
주간 신선영
편집 백수연, 정다혜
마케팅 김신정, 김보미
경영지원 홍운선
펴낸곳 도서출판 더숲
주소 서울시 마포구 동교로 43-1 (04018)
전화 02-3141-8301
팩스 02-3141-8303
이메일 info@theforestbook.co.kr
페이스북·인스타그램 : @theforestbook
출판신고 2009년 3월 30일 제 2009-000062호

ⓒ 유범희, 2016. Printed in Seoul, Korea

ISBN 979-11-86900-11-6 (03180)